我的孩子为什么不想上学

青少年厌学的真相

王铮 著

人民邮电出版社

北　京

图书在版编目（CIP）数据

我的孩子为什么不想上学：青少年厌学的真相 / 王
铮著 . -- 北京：人民邮电出版社，2024. -- ISBN 978
-7-115-65752-7

Ⅰ．G442

中国国家版本馆 CIP 数据核字第 2024SU6898 号

内 容 提 要

"我的孩子不去上学，黑白颠倒，整天不出家门，天天玩游戏，我该怎么办？"
"我的孩子对什么都不感兴趣，天天睡不着觉，我该怎么办？""我的孩子在家里很
好，就是不能谈学习，一到学校就这里疼、那里疼，我该怎么办？"……如果你的
孩子也有上述状况，那么这本书就是为你而写。

本书共 10 章，每章都通过一个真实的咨询案例分析青少年厌学的真相，这些
咨询案例均来自征铮心理的"2+1 家庭成长计划训练营"。每章内容均由案例介绍、
咨询过程、咨询师的建议、家庭问题解析、家长的应对策略和家长的思考六部分组
成，力求帮助家长了解孩子厌学背后的真相，掌握与孩子的沟通技巧，修通夫妻及
亲子关系，营造温暖、有爱的家庭氛围，帮助孩子走出厌学的状态和恢复正常的社
会功能，从根源上解决孩子的厌学问题。

本书适合家长、教师及心理咨询师阅读。

◆　　著　　王　铮
　　责任编辑　黄海娜
　　责任印制　彭志环
◆ **人民邮电出版社出版发行**　　北京市丰台区成寿寺路 11 号
　　邮编 100164　电子邮件 315@ptpress.com.cn
　　网址 https://www.ptpress.com.cn
　　北京市艺辉印刷有限公司印刷
◆ 开本：880×1230　1/32
　　印张：7.5　　　　　　　　　　2024 年 12 月第 1 版
　　字数：160 千字　　　　　　　2025 年 5 月北京第 4 次印刷

定　价：49.80 元

读者服务热线：（010）81055656　印装质量热线：（010）81055316
反盗版热线：（010）81055315

我改变了，他们（父母）不改变，你对我做心理咨询有什么用？你的本事都用在我身上了，有本事你让他们（父母）改变啊！

这是一名厌学、毫无动力的花季少年离开这个世界前给我的最后留言，这句话成了我创立征铮心理和建立"2+1家庭成长计划训练营"的初衷，一直鞭策着我敬畏每一个生命和帮助更多孩子。

"我的孩子不去上学，黑白颠倒，整天不出家门，天天玩游戏，我该怎么办？""我的孩子对什么都不感兴趣，天天睡不着觉，我该怎么办？""我的孩子在家里很好，就是不能谈学习，一到学校就这里疼、那里疼，我该怎么办？""我的孩子不跟我说话，特别敏感，很在意别人怎么看他，我该怎么办？"……每天，我和团队的老师们在这些电话和留言中不停地解释着、陪伴着、支持着每一位家长。

20 世纪 90 年代末，我出国留学，从本科到硕士，最后拿到博士学位，做的都是关于儿童、青少年心理健康和社会功能受损方面的研究，至今已有二十余年。在此期间，我发现父母的很多错误观念不仅对孩子的成长与发展产生消极的影响，甚至会把孩子推向深渊，而父母却没有察觉。当孩子出现问题（如不想出家门、不想上学）时，父母总是想方设法让孩子去学校。他们并不关注孩子的真实感受和体验，也不关注孩子厌学背后的根源，更不会反思自我和家庭关系给孩子带来的影响。总之，他们的目的只有一个，就是"让孩子回学校上学"。

当孩子处于极端痛苦的状态时，他们不具备承受压力的能力，更无法回到学校，这时父母觉得孩子懒惰、心理脆弱、娇生惯养、不孝顺等，给孩子贴上各种负面标签，于是亲子之间就有了对抗与冲突。久而久之，这种亲子冲突又会加剧父母之间的冲突，整个家庭氛围也会变得极度压抑，最后导致孩子更不想出家门和不想去上学，和父母的关系也更加疏远了，甚至还有可能出现像本文开头描述的极端行为。

本书共 10 章，每章都通过一个真实的咨询案例（书中案例已取得当事人的书面授权）分析青少年厌学的真相，这些咨询案例均来自征铮心理的"2+1 家庭成长计划训练营"。每章内容均由案例介绍、咨询过程、咨询师的建议、家庭问题解析、家长的应对策略和家长的思考六部分组成，力求帮助家长了解孩子厌学背后的真相，掌握与孩子沟通的技巧，修通夫妻及亲子关系，营造温暖、有爱的家庭氛围，帮助孩子走出厌学状态和恢复正常的社会功能，从根源上解决孩子的厌学问题。

最后，感谢辽宁省心理咨询师协会格式塔疗法专业委员会主任委员游韬、副主任委员陈瑞祥、广东省心理咨询师协会格式塔疗法专业委员会副主任委员蒋政伟、山东省心理咨询师协会格式塔疗法专业委员会常委郭素、厦门市心理咨询师协会格式塔疗法专业委员会常委严斌等各位心理专家对本书的出版提供的帮助和建议，感谢征铮心理 CEO 王蕾老师对本书的出版提供的大力支持。

每一个处于"躺平""摆烂"、厌学、休学状态的孩子都渴望被理解、被看到，他们目前的状态只是暂时的，希望本书能够成为家长的工具书，为孩子走出困境提供方向、路径和对策！

目 录

第一章

一到学校就坐不住的小威

案例介绍

　　一家三口参加本次咨询。小威（化名），男，16岁，休学将近2年，在家不刷牙、不洗脸，甚至不剪指甲，已经好久没有洗澡了。小威休学前，妈妈的脾气不好，易怒，经常打小威。小威休学后，妈妈对他的态度有了很大转变，他也想亲近妈妈，却做不到，于是主动向咨询师求助。

　　从左至右：咨询师（坐在单人沙发上），小威、爸爸、妈妈（一家三口坐在三人沙发上）。

咨询过程

一、家庭出现了什么问题

咨询师：（对妈妈）你刚刚说孩子很期待你来参加这次咨询。

妈妈：他一直都特别希望我学习和改变。

咨询师：他希望你改变。你怎么看待孩子对你的期望？

妈妈：我以前对他的方式让他感觉特别不舒服，然后他现在想跟我亲近，我觉得是这样（妈妈讲话的时候孩子的动作很多）。

咨询师：嗯，孩子期待你改变。

小威也说想和妈妈的关系更亲近一些，但之前妈妈的脾气不好，易怒，经常动手打他，连爸爸也劝不住。

咨询师：（对小威）妈妈动手打你，而且连爸爸也劝不住，这种情况多吗？

小威：这种情况在我 14 岁之前比较多，现在她基本上不打我了。

咨询师：也就是两年前妈妈动手打你比较多，现在妈妈开始有了改变，你觉得发生了什么让妈妈发生了改变？

小威：我休学了，妈妈发现主要原因可能出在她身上，然后她想着改变自己，应该是从这时开始的。

咨询师：嗯，当你休学时，妈妈才发生改变，对不对？

小威：对。

咨询师：妈妈对你的态度开始慢慢变得好一些。（对爸爸）爸爸呢？你觉得你们家现在遇到的问题是什么？

爸爸：我们家以前也有问题，就是妈妈有点强势。但是后来出现了这个问题后，我们才知道是自身的原因导致孩子处理问题的方式不对。

咨询师：后来出现了什么问题？又导致了什么？

爸爸：孩子刚开始不去上学，我和我爱人就硬逼着他去。孩子的想法就是"你们越逼我，我越不去"。我当时跟他谈过，他说他不敢去学校，最后导致不想去学校。当时我们没有细问他不敢和不想去上学的原因，知道他不想去上学后，就跟他说："你这个年龄就应该去上学"，然后因为上学的事总是吵架，就成现在这个样子了。但一直这样下去也不行，我们就从自身方面找原因，最后发现可能是我爱人的问题。在学习了一些这方面的知识后，我们知道了与孩子硬碰硬不行，后来我们开始转变对他的态度。虽然现在我们没有完全改变对他的态度，最起码和之前不一样了。

咨询师：哦，就是你们俩的变化挺大。

爸爸：对，变化太大了（爸爸边说边笑，妈妈的身体动
了几下，显得不好意思）。

二、妈妈对孩子的管教带给孩子的伤害

妈妈说通过学习，她意识到自己对孩子的管教给孩子带来
了很大的伤害，"以前我从来不考虑别人的感受，心情不好就发
火，对孩子发火，有时候对孩子爸爸也发火"。小威能感觉到妈
妈对自己的态度改变了，但还是没有办法完全接受妈妈。

咨询师：（对小威）嗯，你也看到了妈妈的改变，并且你对
她的态度也发生了一些改变，但是由于过去她的
管教方式对你造成的影响太大，所以现在你对她
的态度不能像她对你一样说改变就改变，你还没
有办法完全接受妈妈，是不是？不着急，你看妈
妈听到这些都哭了。你好像不太愿意看妈妈，是
有点害羞？

小威：我不是害羞。我不太喜欢看她，我也不知道是什
么原因。

咨询师：你能看爸爸吗？

小威：可以。

咨询师：但是看妈妈不行，不愿意看见妈妈哭。妈妈哭了，
　　　　你心里有什么感受？是厌烦、伤心，还是愤怒？

小威：我有点想笑，但是我也不知道为什么想笑。

咨询师：想笑，就是看到妈妈难受其实你心里有点高兴。
　　　　我非常好奇在成长的过程中你都经历了什么？好
　　　　像你对妈妈感到有点愤怒，是不是？你能讲讲你
　　　　的成长经历吗？妈妈是怎么对待你的？

　　小威说在他很小的时候，爸爸和妈妈吵完架后，他都紧紧
地跟着爸爸，慢慢地，他和妈妈之间就有了隔阂。从记事起，
小威就感觉妈妈经常打他，小时候妈妈用衣架打他；在他读六
年级时，妈妈有一次用木棍打他；上初一时，有一次妈妈直接
抄起一个板凳扔向小威。妈妈也讲了之前自己对孩子的态度不
好，对孩子造成了伤害，现在很后悔。

咨询师：（对小威）妈妈也讲了很多她打你的事，你现在想
　　　　一想妈妈对待你的这种方式给你带来的最大影响
　　　　是什么？

小威：最大的影响可能就是，因为我特别不喜欢妈妈发
　　　脾气，所以我就不想让妈妈的脾气影响到我。我
　　　的脾气和我爸爸一样，一般不生气，一旦生起气
　　　来，可能比我妈妈还吓人。以前我妈妈打我时，

有好几次我都心里想着她要是再打我，我就反击。但是最后我想，再怎么样我也不能对我妈妈下那么重的手。所以，这就是为什么妈妈打我的时候我都不还手。

咨询师：妈妈打你的时候你从不还手，一直忍着，所以受了很多伤。你觉得妈妈对你最大的影响就是使你的脾气有点像爸爸，基本上什么事都忍着，是不是？那你与同学、朋友交往时也是这样吗？

小威：其实倒也不是，我和同学、朋友在一起时不怎么发脾气。

咨询师：嗯。如果同学招惹你，你会忍着吗？

小威：基本上是忍着，如果我想反击他的话，一般会在他看不见的地方，就是背后。

咨询师：妈妈对你的影响有没有影响到你与其他人的关系？

小威：应该有一点影响。

咨询师：在面对来自别人的压力时，你也选择隐忍。你现在每天是上学还是在家里？

小威：在家里。

咨询师：在家里待多长时间了？

小威：应该有一年半到两年了。

咨询师：在家待了将近两年的时间。

小威：初一上学期快结束时我就不去学校了。

咨询师：当时发生了什么事让你不再去学校？

刚上初中时，小威被分到示范班，后来示范班被解散，小威不喜欢后来被分的那个班级，就不再去学校。现在小威的作息黑白颠倒，平时基本不出家门。

小威：我已经很长时间没有洗澡了。

咨询师：多长时间？

小威：我也说不清楚。

咨询师：就是很久了，听你这么说我挺开心的，因为你已经很长时间不出家门了，平时在家里也不洗澡、不刷牙、不洗脸。那么，发生什么了让你来见我？你希望通过这次交流解决什么问题？

小威：虽然现在妈妈对我的态度改变了，我对她的态度也改变了一些，但我心里对她还是感到有些愤怒。

三、"妈妈，你再打我，我就反击了"

咨询师：（对小威）所以，你这次来是想改善和妈妈的关系，不想对妈妈有那么多愤怒。我看你说话的时候攥紧了拳头，你们换一下位置（咨询师让爸爸坐在右边的单人沙发上，孩子和妈妈单独坐在三人沙发上）。（对爸爸）作为父亲，当孩子说他也不想恨妈妈、对妈妈感到愤怒时，你怎么理解这句话？

爸爸：我感觉他也想完全改变对妈妈的态度，但心里又担心自己变好后妈妈又会回到原来的样子。

咨询师：所以，他不敢改变、不敢好起来。

爸爸：他可能是在一点一点地试探着改变。

咨询师：（对小威）孩子，你听到爸爸的分析了吗？爸爸说你不敢好起来。

小威：我也不知道我爸说的"好起来"指的是什么。

咨询师：嗯，就是你不敢让自己变得健康、阳光、有力量，怕自己一旦变好了，妈妈又会回到从前的样子。

小威：这可能是其中一部分原因。

咨询师：嗯，你现在看着妈妈并试着说出来，"妈妈我不敢好起来"，你能说出来吗？

小威：应该不能。

咨询师：不着急，孩子，我看得出来这次你想改变的动力很大，因为之前你很难走出家门，但今天为了这次咨询走出了家门，看到你这个样子我也很心疼。但同时我也看到你想改变的动力和决心了，我们

可以慢慢来，好不好？你看着妈妈并试着对她说
"妈妈，我不太相信你"。

小　威：我可以不看着我妈妈说。

咨询师：好，你不看着妈妈，你闭上双眼或把头转过去，
你对妈妈说"我很想相信你，但是我不敢"。

小　威：我可能也说不出来。

咨询师：就是心里想可以，但做不到，是吗？我理解你。
那我们做第二个练习，你把左手放在沙发上，你
看着妈妈的手搭在你的手上，我看你的手又攥成
了拳头，此时此刻，你有什么感觉？

小　威：没什么感觉。

咨询师：好，你把手放在妈妈的手上，然后闭上双眼对妈
妈说："我想相信你，但我不敢。"

小　威：我想相信你，但是我不敢。

咨询师：非常好，还有什么想对妈妈说的都说出来。

小　威：其实也没什么想说的了。

咨询师：你说出这句话后，有什么感觉？

小　威：没有什么感觉。

咨询师：你把左手再往妈妈手上放一放，你抓住妈妈的手，
闭上双眼，体会一下抓着妈妈的手是什么感觉？

小　威：没什么感觉。

咨询师：哦，没什么感觉。我看你的右手一直攥成拳头状，你闭上双眼，右手攥得再紧一点，然后体会一下身体有什么感觉？

小威：我攥紧拳头时想到的是小时候妈妈打我时的情景，我想反击。

咨询师：好，闭上双眼并说"妈妈，我现在忍着不想反击"。

小威：妈妈，我现在忍着不想反击。

咨询师：对，体会小时候被打时的状态并说"妈妈，你打得我很疼，你再打我，我真的要反击了。我现在不想反击，我在忍着，妈妈，我想反击"。

小威：妈妈，我想反击。

在咨询师的带领下，小威反复说着"你再打我，我真的要反击了""我知道你是我妈妈""你打得我好痛""你再打我，我真的要反击了"。

咨询师：好，放松下来孩子。（对妈妈）当听到孩子的这番话时，我看你掉眼泪了。

妈妈：我觉得挺心疼孩子的。在打孩子的时候，我心里也觉得特别难受。要不是我是他妈妈，他早就发泄出来了，他觉得我是妈妈，所以就忍着。

咨询师：（对小威）你看妈妈在发抖，你看看她的手（孩子
　　　　转过头看了一眼妈妈，然后又把头转了回去）。妈
　　　　妈刚刚讲要不是她是你妈妈，你肯定早就反击了，
　　　　我看你也在点头。你现在再跟妈妈说"要不是因
　　　　为你是我妈妈，我早就反击了"。

小威：我到现在都不想看我妈妈。

咨询师：哦，那你可以对她说"要不是因为你是我妈妈，
　　　　我早就反击了"。

小威：要不是因为你是我妈妈，我早就反击了。

咨询师问小威会怎么反击，并发现小威一说到妈妈，手就
会攥成拳头。

四、"我忍不住了"

咨询师：（对小威）现在你闭上双眼，攥紧拳头，然后把拳
　　　　头打出去（咨询师拿起一个靠枕举在小威面前，
　　　　让小威对着靠枕把拳头打出去，释放内心压抑的
　　　　情绪）。

小威对着靠枕把拳头打出去。

咨询师：非常好，使劲，一边出拳一边说"我忍不住了"。

小威：我忍不住了。

咨询师：你看上去有点像在演戏，你要沉浸在这种体验中，然后说"我忍不住了"。

小威：我倒不是在演戏，当年我真的没对我妈妈动手。

咨询师：我不是让你对妈妈动手，只是让你把内心压抑的愤怒释放出来。

小威：我还真表达不出来。

咨询师：你可以试一下，闭上双眼，两只拳头一起打出去。

小威：我忍不住了（继续把拳头打出去）。

在咨询师的引导下，小威连续出拳击打靠枕，并不停地说着"我忍不住了"。最后，小威表示这样做确实可以发泄内心的愤怒情绪。

五、"我一到学校就坐不住"

咨询师：你平时在学校里朋友多吗？

小威：如果在原来那个班级的话，同学之间的关系都挺好的。

咨询师：嗯，你上小学时朋友多吗？

小威：我上小学时同学、朋友挺多的。小学毕业后，我和其中几个好朋友经常在放假或放学时聚一聚。

咨询师：哦，上小学时有很多好朋友。上初中后班级突然解散，你被分到一个不喜欢的班级，当时你到学校后是什么感觉，或者身体上有什么反应吗？

小威：身体上的反应就是坐不住。

妈妈：孩子说那个新班级的班主任和我很像。

咨询师：（对小威）新班级的班主任像妈妈吗？

小威：脾气有点像。

咨询师：哦，非常好，你不想去学校，那在家里感觉舒服一点吗？

小威：一开始在家里待着还可以。

小威现在的状况是基本不出家门，但小学时的好朋友邀请他的话也能出去玩，没有出现幻觉。在妈妈发生改变前，小威曾想过离开这个世界，父母带他去医院的精神科检查过，医生说他没什么事。

六、"我想坐得离妈妈远一点"

咨询师：那我们再试一下，（对妈妈）你离孩子稍微近一点，（对小威）你有什么感觉？

小威：我想坐得离妈妈远一点。

咨询师：但是你又想缓和和妈妈的关系，你也说了妈妈在改变，你也想好起来。你刚才说"我想离妈妈远一点"，那是你的想法和行为，不是你的感觉。现在离妈妈这么近，你体会一下自己的身体有什么感觉？

小威：有点坐不住。

咨询师：好的，不着急，你体会一下这种坐不住的感觉，把一只手放在胸口，感受你的呼吸和心跳，双脚放平，你有什么感觉？

小威：感觉心跳有点快。

咨询师：我们一起来感受这种心跳。放松，尝试和我一起做，慢慢地向左转身，稍微转动身体，闭上双眼，胳膊放松，开始向你的左边（妈妈坐在小威的左边）转动身体。非常好，把注意力放在心跳上。非常好，放松，我把手搭在你的肩膀上（咨询师站起来从后面把手搭在小威的肩膀上，一点一点地帮小威把肩膀转向妈妈的方向，妈妈始终像个犯错的孩子，低着头，两只手抓在一起）。把另一只手放到膝盖上，把注意力集中在自己的呼吸上，吸气、呼气，体会这种感觉。（对妈妈）妈妈，看着孩子。（对小威）孩子，放松，深呼吸，慢慢来，慢慢地睁开双眼，尝试看一眼妈妈。（对妈妈）妈妈试着用右手牵孩子的一只手。（对小威）放松，继续深呼吸，先不要说话，体会有什么感觉，想想多久没有和妈妈这样牵着手了，体会这种牵手的感觉，把注意力集中在自己的呼吸上，放松，说一说你有什么感觉？

小威：就是不情愿（小威立即松开和妈妈牵着的手）。

咨询师：好的，我理解你心里很想和妈妈亲近，但是当你走近她时，你的身体和内在有一种抗拒。对妈妈的这种抗拒源于内心的创伤，这个部分还需要后期进行系统的心理咨询。

咨询师询问小威是否在服药，又给他提了一些建议，如让爸爸、妈妈陪着去当地医院的精神科再做一次全面的检查，回家后尝试洗澡和理发。

七、"我可以和你近距离接触了"

咨询师：（对小威）今天你和妈妈有了近距离的接触，平时你们有没有过这样的接触？

小威：没有。

咨询师：我发现你刚开始说"紧张"，但我们做完这个练习后，即使和妈妈离得这么近，你看上去也没那么紧张了，这说明你也在进步，心里在一点一点地接纳妈妈。（对妈妈）你感觉怎么样？

妈妈：我挺感动的，我觉得孩子很包容我。

咨询师：孩子还是想原谅你，但是他现在做不到，因为以前他的心里受过伤，他的身体对这些是有记忆的，所以你得给孩子一些时间。

妈妈：我和孩子聊过，我说"你实在不愿意原谅妈妈，现在可以不原谅，没关系"。

咨询师：对，不着急。

妈妈：我可以接受的。

咨询师：嗯。说到这里，我给你们举个例子，孩子就像一只小老鼠，妈妈代表好吃的，小老鼠想吃好吃的，但它发现这个好吃的会放电，并且把它电得很疼，它就不敢来吃了。即使好吃的后来不放电了，小老鼠因为之前被好吃的电过，所以看见好吃的还是迈不动腿，甚至可能会身体发抖。因此，小老鼠要先释放内心的恐惧，然后才有可能靠近好吃的。所以，妈妈以后不能再打孩子或对孩子发脾气了，而要让自己变得温暖一些，然后慢慢地与孩子接触。一点一点来，要等他的身体不抖了、心里不害怕了，并再次产生期待的时候。（对小威）孩子，我看你的脸上也露出了微笑，你现在心情怎么样？

小威：没那么紧张了。

咨询师：那你现在能跟妈妈说"我看到你没那这么紧张了，

我能和你近距离接触了"吗？

小威：能，（对妈妈）我可以和你近距离接触了。

咨询师的建议

1.给孩子的建议：去当地医院的精神科再做一次全面的检查和诊断；尽量多出家门，注意个人卫生；调整作息，结束黑白颠倒的生活。

2.给爸爸的建议：给孩子一些理解和支持，给妻子一些安慰和关心，多和妻子交流自己的想法。

3.给妈妈的建议：从现在起不要再因为孩子的事而自责，照顾好自己，这样才能更好地改善和孩子的关系。

家庭问题解析

家庭的困境

这个家庭的表面问题是孩子的生活黑白颠倒，休学将近两年，不能去学校。而实际问题是妈妈脾气暴躁，爸爸性格软弱，夫妻之间关系不和谐，妈妈把情绪发泄在孩子身上。在夫妻关系和亲子关系方面，爸爸比较回避，最终导致孩子内心受伤，无法走出家门。

孩子的困境

孩子在面对妈妈的暴力时，一方面感到愤怒、委屈、难过，想要反击；另一方面因为内心对妈妈的爱，没有办法表达和释放自己的情绪，只能一直控制和压抑自己。即使妈妈后来发生了改变，但身体里的伤痛记忆和对再次受伤的恐惧让孩子没有办法靠近妈妈。

父母对孩子的影响

在这个案例中，妈妈易怒，对孩子有长期、多次的暴力行为。家长经常打骂孩子，可能会对孩子造成以下影响。（1）情绪：孩子无法用合理的方式处理内心的焦虑、恐惧、无助甚至绝望等情绪，这些情绪大多被压抑、隐藏在内心深处，这增加了孩子出现心理问题的风险。（2）社交：导致孩子在人际交往中容易对负面情绪过于敏感，要么易怒，与他人关系紧张；要么小心翼翼，总是看他人的脸色，在人际关系中总是选择隐忍；要么害怕受伤，造成社交退缩。（3）自我认知：孩子常常觉得"我不配得到爱""我不重要""我很糟糕"，产生自卑心理。（4）躯体：有可能造成创伤后应激障碍，表现为不断回忆以前的痛苦经历，会梦魇，梦中出现与创伤有关的情节或画面，并伴有惊恐、失眠、焦虑、注意力难以集中等躯体症状。

家长的应对策略

1.妈妈要坚持持续学习，提升自己的情绪管理能力，让孩子能够感受到妈妈已经变成一个安全、可信任、可倾诉的对象。情绪是一种能量，可以转化或释放而不能控制，下面介绍几种释放和转化情绪的方法。（1）说出来。在有情绪的时候，不要一味地压抑，可以找伴侣、朋友或咨询师倾诉，释放自己的情绪。（2）写出来。在有情绪的时候，可以用写日记的方式表达出来。（3）画出来。在有情绪的时候，可以通过绘画、涂鸦释放情绪。（4）喊出来或唱出来。可以找一个没人的地方，如山间、海边等空旷的地方喊出来或唱出来，把情绪转化成声能释放出来。

2.给孩子足够的时间和空间，不着急推动孩子的改变，接纳孩子按照自己的节奏慢慢地接受妈妈。

3.在生活和情绪上关心、照顾孩子，让孩子感受到爱的流动，具体做法如下。（1）保持开放和耐心的态度，倾听孩子的想法和感受，不评判、不建议。（2）尊重孩子的个人隐私，给予孩子适当的自由度。（3）了解孩子的朋友圈和爱好，尽可能支持其兴趣和爱好，甚至适度参与，以便与孩子有更多共同语言。（4）组织一些全家参与的活动，如户外野餐、徒步旅行、桌牌游戏等，营造和谐、温暖的家庭氛围。

4. 丈夫多关心妻子，尤其要多参与家庭事务，不能总是让妻子一个人承担，要增强妻子的安全感，降低她的焦虑。

知识拓展

在本案例中，孩子非常渴望变好，也渴望重新接纳父母，这是非常难得的。但在咨询的过程中，咨询师逐渐了解孩子这种"渴望"背后更为强烈的"拒绝"。那么，为什么即使孩子主动想要变好，却依然这么难？具体原因如下。

1. 身体从未忘记伤痛

在与咨询师交流的过程中，小威流露出想要和妈妈修复关系的意愿。当咨询师让小威尝试与妈妈有肢体接触时，他的语气稍显急促，右手不由自主地攥成拳头，此时他想到的只是"如果你不是我妈妈，我早就反击了"。这就是我们的身体从未忘记曾经的伤痛，也裹挟着长大后的愤怒。即便小威渴望与妈妈接触、与妈妈重归于好，但烙印在身体里的记忆需要时间和耐心一点一点来抚平。

2. 不敢好起来

在咨询过程中，小威说"因为自己休学，妈妈发现主要原因可能出在她身上，才开始发生改变"。因为小威休学了，妈妈不再打骂他，情绪不再那么暴躁。从心理学视角看，这种现象被称为"症状获益"。与此同时，这何尝不是小威在用自己的"病"唤醒和改变身边的人？

小威不敢好起来的背后有着深深的忧虑，是对妈妈深深的怀疑。"我很想相信你，但是我不敢。"这就是现在很多孩子真实的心声，不是不愿好起来，而是过去被伤得太深、太痛了。这些真实的感觉一遍又一遍地烙印在身体里，哪怕现在可以得到安抚，也需要一层一层地化解。每化解一层，都是一段不愿回忆的过往，都需要鼓起很大的勇气去面对、去原谅、去愈合。

3. 家长的自责让孩子无法靠近

在咨询过程中，妈妈多次掉眼泪，像个犯错的孩子一样。每当妈妈表达自己的愧疚时，小威便把头转向另一边，不愿面对妈妈。这是一个非常经典的细节。

用伤害自己的方式试图让对方看见，用惩罚自己的方式换取内在的安慰。如果家长陷入自责，就等于沉浸在过去的错误里，无法体会孩子当下的情绪和感受，也就无法与孩子建立联结。

因此，父母要停止自责，学会善待孩子。孩子需要的不是自责的父母，而是不断成长的榜样，改变与孩子沟通的方式，这样才能真正改变现状，让事情往好的方向发展。

家长的思考

结合本案例，请父母根据自己的实际情况进行如下思考。

1. 除了身体上的暴力行为外，言语上的冷嘲热讽、威胁恐吓、贬低打压、冷战漠视等也属于暴力。你对孩子是否有上述形式的暴力伤害？

2. 在家庭中，对孩子实施上述暴力伤害的一方该如何使自己获得成长，停止对孩子的伤害？

3. 在家庭中，没有对孩子实施暴力伤害的父母一方需要思考：在夫妻关系方面，是否有某些因素影响了另一方的情绪，导致或加剧其对孩子的暴力行为？怎么做能够避免这种情况发生，从而给孩子创造安全的成长空间？

第二章

特别想回家的大东

案例介绍

　　一家三口参加本次咨询。大东（化名），男，17岁，从小缺乏爸爸的陪伴，妈妈对大东的要求过于严苛，爸爸和妈妈之间缺乏有效沟通，两人之间更多是争吵甚至大打出手。大东读初中和高中选择的是寄宿制学校，刚上初中时有自伤行为，后来因不能去学校长期在家，父母试图通过打骂的方式让大东回到学校，但没有成功；后来又让他去一个"青少年教育基地"接受训练，结果给大东造成了更严重的伤害。在此期间，大东通过自学考入公立高中，但高一开学第一天就被父母接回家。

　　从左至右：咨询师（坐在单人沙发上），妈妈、爸爸（二人坐在三人沙发上），大东（坐在单人沙发上）。

咨询过程

一、从小缺乏爸爸的陪伴，妈妈要求严格

咨询师：你们遇到了什么困难？

　妈妈：主要是孩子从初一开始已经有三年没去学校了，但是也没有休学，他一边自学，我们一边找人给他补课，最后他也参加了中考，还考上了一所公立高中。

咨询师：那很不容易。

　妈妈：对，确实挺不容易的。高一开学后，孩子也去学校了，但身体反应特别强烈，在学校待了半天我们就把他接回来了……（有点想哭）

咨询师：没事，可以哭出来。孩子一到学校就觉得难受？

　妈妈：对。其实我觉得孩子已经很努力了，他愿意上学，也觉得自己应该去学校，但就是到了学校后无法适应。后来我们通过学习，觉得是我们的家庭存在一定的问题，导致孩子不能踏实地在学校里待着。

咨询师：你很担心孩子，希望他能够走出家门并慢慢好起来，是不是？通过学习，你觉得是家庭方面的问

题导致孩子成了这样。就"家庭方面"，你能稍微
多说一点吗？

妈妈讲述大东在读小学时基本上都是她一个人照顾，她对
大东要求很严格。大东在学习方面的表现也很优秀，在读小学
期间成绩一直是班里的前几名，但她总觉得"为什么你不能考
第一"，大东作业写得不好，她就撕了让孩子重写。现在妈妈
觉得自己当时对大东太残忍了，忽略了他的兴趣、爱好和其他
能力的培养。妈妈反思这可能源于她自身的成长经历，而且丈
夫常年不在家，她缺乏安全感，于是把焦虑情绪转移到了孩子
身上。

咨询师：（对爸爸）我看爸爸也掉眼泪了，听妈妈说了这么
　　　　多，你也说说吧。

　爸爸：孩子长这么大，我陪伴他的时间特别少，心里感
　　　　觉特别对不住他（哭泣）。从孩子上幼儿园开始，
　　　　我就在外地上班，很少回家，更别提陪孩子了，
　　　　感觉心里挺对不住孩子的。

咨询师：挺自责的，从小没有陪伴孩子，是不是？

　爸爸：对。我记得他上初中时，我做得特别不好。有一
　　　　次，他不愿意去上学，说心里难受、胃疼，我回
　　　　来后不仅骂他，还打了他。自从孩子不去学校后，

我们开始学习和反思，我感觉自己当时做得特别不对（边说边哭）。我当年初中没毕业就不上了，也不能辅导孩子的学习。我的脾气不好，妈妈的脾气好一点，我就想自己尽量少管孩子，别让我的坏脾气影响了他。其实我很少训斥他，就那次他不去上学，我跟他急了。

二、把孩子送到"青少年教育基地"

妈妈：还有一个问题就是那次爸爸打完他后，他就彻底不去学校了，天天在家看手机，我们实在没办法了，就把他送到一个"青少年教育基地"待了两个月。我觉得孩子在那里受到了很大的伤害，他现在还常说"你都不知道那两个月我是怎么熬过来的"。

听妈妈讲完这段话，大东哭了。

妈妈：是我们把他骗到那个基地去的，不是他自愿去的，所以他很难过。

爸爸：我们表面上跟他说带他去北方玩，等我们到达基地后，基地的人就把他接进去了。

咨询师：或许那时孩子就有问题了，但是他自己又没有办法解决。

爸爸：应该是。

咨询师：孩子心里本来就难受，结果你们不仅不理解他的感受，反而把他骗到那个基地，这可能给他造成了更严重的伤害，是不是？

妈妈：对，把他从基地接回来后，有很长一段时间我们都不敢带他去北方玩，因为那个基地就在北方。他说"我不要去北方，你们不要再带我去那里玩，我怕你们再把我骗到基地去"（大东又哭了）。

咨询师：（对大东）我看你掉眼泪了，爸爸、妈妈说了这么多，好像他们都觉得对你挺愧疚的。我想听听你的想法，你觉得自己遇到了什么问题？你觉得你们这个家有什么问题？或者在这个家里，让你难受或对你影响最大的是什么？

大东：他们两个人吵架时我就觉得特别难受。比如小时候，我在房间里玩，只要他们俩在家，我总能听到争吵和打架的声音。我上小学时，有一次，他们俩吵得特别凶，早上我醒来看到地上一片狼藉，他们两个人把家里的东西摔了一地。然后我没有办法，就打电话让我小姨过来。我躲进自己屋里，把房门锁上，我觉得这样可能好一点。还有就是去那个基地，我觉得在里面特别难受。那个基地的管理特别严格，我现在想到那个地方还是感觉不舒服……

大东一边说一边抱起一个靠枕挡在身体前面。大东自述小时候自己经常挨打，妈妈会当着很多人的面打他，尤其爸爸不在家的时候。他印象比较深的是有时爸爸回来，他不想写作业，想先玩一会儿，妈妈不同意，要打他，他就去找爸爸，爸爸却说"听你妈妈的话，先把作业写完，不写就要挨打"，他就感觉没有人能帮自己。

三、孩子感觉自己被欺骗，没有人能帮自己

大东：我刚上初一的时候，感觉家长和老师联合起来骗我。当时我给我妈妈打电话说我受不了了，我难受、要回家，然后我妈妈就来了。我透过学校的窗户看见我妈妈站在学校大门口，但是班主任却告诉我，你妈妈有事来不了。然后我就指着窗外说"我妈妈不就站在那里吗"，她明明来了，却不进来，和老师一起骗我。后来我一进学校就感觉不舒服，就不再去学校了。之后，他们骗我去那个基地，从基地回来后，我还是不想去学校，我妈妈就吓唬我说"你要是还不去学校，我就给基

地那边的负责人打电话，让他们直接把带你走"。

一说到这件事，我就觉得非常难受，反正心里就是一直有一种被欺骗和被强迫的感觉，很不舒服。

咨询师：我听明白了，孩子，好像你一再被欺骗，当你需要帮助时，没有人能够帮助你，也没有人能够理解你。我看你坐在这里，把靠枕放在膝盖上，两只手一直交叉着，如果我这样坐着，会感觉好像被束缚住了一样，很不舒服，好像有一种被捆绑起来的感觉。我不知道你坐在这里有什么感觉？紧张吗？

大东：确实有点紧张。

咨询师：嗯，我刚刚看你做了一个动作，当讲到在学校时，你把双手交叉起来，然后放在胸前的靠枕下面，你意识到自己的这个动作了吗？（大东摇头）没有是吧，你现在体会一下这个动作带给你什么感觉？

大东：像被铐起来。

咨询师：是的，被铐起来，好像你被束缚住了。你闭上双眼体会一下这种感觉，对，告诉我当你这样体会时，你的身体有什么感觉？你的内在有什么感受？

大东：不太舒服，像被铐起来了。

咨询师：不太舒服，像被铐起来。所以，当你讲到你在学
校里，特别是跟老师讲透过窗户看到妈妈时，你
的身体有一个明显的变化，感觉不舒服，是不
是？（大东点头）

大东告诉咨询师，这种在学校里不舒服的感觉是从初一去
寄宿学校后开始有的，一住校就出现躯体反应，如胃疼、呕吐、
持续发低烧。现在大东读的高中也是寄宿制学校，到学校后他
就浑身发抖、出汗、手抖得握不住笔。上初一在学校出现躯体
症状时，大东就和爸爸、妈妈说了这个情况，但妈妈说可能是
对学校的饮食不适应，时间长了就好了，可随着时间的推移，
大东的症状并没有得到缓解。大东怀疑自己是不是生病了，当
时爸爸、妈妈带他去医院做过检查，被诊断为慢性胃炎。

大东：后来我没有再去学校，感觉舒服一些。没想到又被
他们骗去那个基地。在那个基地里，一开始我的身
体也有一些症状，后来慢慢就没有了。怎么说呢，
那是一种很绝望的感觉，因为当时我确实不知道自
己要在那里待多久，有的人在那里待了六个月，有
的人待了一年，所以我就觉得我是不是也需要待那
么长时间。

大东用"绝望"一词形容自己当时在基地里的感觉。基地的空间很小，由四五个工作人员严格看管十来个孩子，不让他们出去，这让大东感觉完全没有了自由，更没有隐私。

> 大东：刚去那个基地的时候，我也反抗过，如踹门。我觉得可能就像在学校里一样，我把内心的不舒服表达出来，爸爸、妈妈就会把我从那里接走，但是并没有。进去的第一周我一直在反抗，晚上也睡不着觉。有一天，基地的校长过来跟我说"你知道吗，你爸爸、妈妈前几天一直在外边"。原来他们知道我在里面的情况，但就是不把我接走（眼圈红了）。我就有一种他们不要我了、被遗弃的感觉。因为之前我不去上学时他们说过类似的话，我知道他们说的可能是气话，但当时在那个基地里我觉得他们真的不要我了。

大东具体描述了在基地里的煎熬生活。那里的生活条件不好，又冷又难受，没法和家人联系，他不敢说，也不敢跑。直到那个基地组织元旦会演，把家长都叫来，就像服刑的犯人与家人见面一样，大东偷偷地和妈妈说带他走，他不想待在这里了，妈妈不同意，最后大东被基地的工作人员拖回教室，他就觉得自己被爸爸、妈妈彻底遗弃了。

咨询师：（对妈妈）听到孩子说这些话，你心里是什么感受？

妈妈：（掉眼泪）我心里特别难受。当时我为什么会做那样的决定，把孩子送到那个地方，我真的是太无知了。

四、父母不认为孩子生病了

咨询师：（对大东）你看看妈妈在掉眼泪，妈妈心里充满了对你的愧疚（大东也掉眼泪）。（对妈妈）你看看孩子，你们互相看一会儿，不用说话。

咨询师：（对大东）当看着妈妈时，你心里有什么感觉？

大东：不是滋味。

咨询师："不是滋味"是什么意思？如果让你跟妈妈说一句话，你会对她说什么？真实地表达内心的想法，愤怒、伤心、难过都行，你想跟妈妈说什么？

大东：别哭了。

咨询师：你不想让她哭，你看她哭的时候心里不是滋味、感到不舒服。

大东：我也想哭。

咨询师：嗯，你也想哭。我听你描述了不上学的整个过程，可能那时你的心理出了问题，跟家长也说了，但

好像家长并没有理解你和帮助你，反而把你推向
了另一个"火坑"，是吧？那时候你彻底绝望了，
是不是？

　　大东：是。

　　把大东从基地接回来后，爸爸、妈妈为他办了走读，但大
东也是断断续续地去学校。当他不想去上学时，妈妈就威胁说
要把他送回基地，次数多了，孩子也不知道妈妈只是随口说说，
还是会再把他送回去，所以心里一直很害怕。由于大东落下的
功课太多，爸爸、妈妈就在校外给他安排了一对一的辅导。据
大东说，上初二和初三时参加校外辅导的那段时间，可能是家
里最平静的一段时光。虽然一对一的辅导费用比较高，但是家
里没有什么特别大的事情发生，大东感觉爸爸、妈妈吵架的次
数也减少了。

　　咨询师：我很好奇这两三年你想没想过是什么让你变成了
　　　　　　这样？上小学时你那么优秀，为什么到初中忽然
　　　　　　就出现问题了？或者在上小学时你就觉得有什么
　　　　　　不对劲，只是没有表现出来？

　　大东：想过，我觉得原因可能是住校吧，不能回家，莫
　　　　　名地感到焦虑。

　　咨询师：嗯，不能回家。

在去基地前，爸爸、妈妈带大东去医院看过，医生建议给孩子做心理咨询。父母带大东去做过一次心理咨询，之后他就拒绝再去。从基地回来后，大东还是难受，睡不着觉，不能去学校，爸爸、妈妈就又带他去了一次医院，结果大东被诊断为中度抑郁和焦虑，医生给大东开了一些药，之后一直在服药。

自从大东有躯体症状后，父母先是对他又打又骂，企图通过这种方式让他回到学校，这严重伤害了他的感情，就这样一直持续了两三年才带他去医院。原因是父母始终不认为大东生病了，认为只要他不去学校，在家里一切都好，也能出去玩，晚上睡不着就是因为玩手机，因此把他送到"青少年教育基地"，这对大东造成了更严重的心理伤害。

五、"我特别想回家"

咨询师：（对大东）我想请你体会一下在学校里的那种感觉和感受。现在你可以闭上双眼，感受一下回到学校时你的身体和内心有什么感觉和感受。想象你从家里走到学校门口，进入校园，看到周围的同学都穿着校服，然后你走进教学楼，走到教室里并坐下来，看一看四周，体会一下当看到老师时或上课过程中你的身体和内在都有什么感觉和感受。待在这种感觉和感受里，体会这种感觉和

感受是不是似曾相识，这种感觉和感受让你想到
了什么，你现在在学校里，你会想到什么事或什
么人。

随着咨询师的引导，大东逐渐进入深度体验状态，期间忍
不住哭了出来。

大东：就是感觉特别紧张，感觉一进教室就有一双双眼
睛盯着我，我站在那里不知所措，想哭。

咨询师：好，你现在继续闭上双眼，对，沉浸在刚刚的感
受里，然后说"我感觉你们都在盯着我，我特别
想哭"。

大东：我感觉你们都在盯着我，我特别想哭（小声重复
多次）。

咨询师：对，不要着急从这种情绪中逃走，置身于这种情
绪，把你想说的话说出来（咨询师逐步引导大东
大声说出"我想回家"）。

大东：你们知道吗？我想回家，特别想回家。

咨询师：非常好。（对妈妈）听到孩子这么说，你有什么
感受？

妈妈：心疼。

咨询师：（对爸爸）你听到后有什么感受？

爸爸：我感觉到了他的无助。

咨询师：所以，这就是孩子在学校里的真实状态。

咨询师：（对大东）说出来后你有什么感受？

大东：感觉心里舒服一点了。

六、父母经常吵架，孩子没有安全感

咨询师引导一家三口交换位置：大东坐在父母中间，右手边是妈妈，左手边是爸爸。

咨询师：（对大东）和刚才你坐在爸爸、妈妈对面相比，现在你坐在他们中间有什么不一样的感觉吗？（大东的两只手分别搭在爸爸、妈妈的膝盖上，并且双手往里拉。）

大东：现在感觉舒服一些。

咨询师：我看到你一只手搭在妈妈的膝盖上，另一只手搭在爸爸的膝盖上，而且好像有一个往里拉的动作。你前面讲过，小时候爸爸、妈妈经常吵架，有一次，他们吵得特别凶，你就给小姨打电话，自己躲在房间里。自从你不上学后，好像他们的争吵次数减少了。关于这些，你能多说一点吗？

大东：他们一直跟我说这很正常，谁家都会吵架，还说他们没有吵架，只是说话嗓门比较大，但我觉得他们在骗我。我可能不了解别人家是什么样子，但是我看到亲戚、朋友家的大人就不吵架，就他们俩经常吵架，我内心就觉得不安全。而且他们经常说要离婚，我觉得他们俩吵架就吵架吧，但别离婚，这样我还有一个完整的家，我不想变成单亲家庭的孩子。如果我只能和爸爸或妈妈其中一人生活的话，我会觉得特别不舒服。

咨询师：非常好，你现在能回想起自己是从什么时候开始有这种担心和恐惧的吗？

大东：从他们俩那次吵得特别凶、摔东西之后开始的。我上小学时我爸爸经常不在家，所以我就觉得他们俩的争吵没有那么严重，但后来因为我不上学的事他们经常吵架。有时候，我会从房间里出来瞅他们一眼，他们可能就会注意一点。过了一会儿，他们就来找我，说他们吵架不关我的事，这样让我觉得好一些。

咨询师：他们两个人一块儿找你时，你感觉会好一些。

大东：对，这样我觉得我们三个人之间的关系会好一些。

咨询师：我理解了，你讲到这里时，我有一个想法，就是好像你在牺牲自己来缓和爸爸和妈妈的关系。好像你不去上学、感到不舒服，他们两个就开始关注你，这样他们就不吵架了。但是你心里又很矛盾，因为他们两个人都来说你，你也难受，是不是？

大东：对，对，对，就是这种感觉。

咨询师：好。（对妈妈）听完孩子说这些，你有什么感受和想法？

妈妈：可能我跟孩子爸爸之间存在一些问题，我们沟通比较少，有时候在某些事情上观点不一致就会吵起来。但是我真的不知道孩子的内心会背负这么多，会为了让我们不吵架而牺牲自己，我心里真的好难过。

咨询师：心里不舒服，是不是？（对爸爸）你听到孩子说这些有什么感受？

爸爸哭了，说自己常年在外工作，心里对妻子产生了一些不信任。这个部分之前也和妻子交流过，现在基本能放下，觉得可能是自己想多了。咨询师让大东坐回到单人沙发上，开始修通爸爸和妈妈之间的关系。

七、"我们不会分开，不会抛弃你"

咨询师：（对妈妈）听到丈夫说这番话，你心里有什么想说的？

妈妈：我感觉很委屈。可能因为他长期不在家，所以他
　　　会多想。他说他不在家的时候，我就不应该跟任
　　　何人来往，其实我特别委屈。我自己一个人带孩
　　　子很不容易，还要上班，不但得不到他的理解，
　　　还被怀疑。每次我们吵完架后，我就跟他说，我
　　　觉得自己特别委屈，真的就是有十张嘴也说不清
　　　楚。曾经有一段时间，他每次一回家我心里都特
　　　别害怕，就想着他最好别回家，一回家就吵架。

咨询师：我明白了。（对爸爸）你现在和孩子互换位置（大
　　　东和妈妈坐在三人沙发上，爸爸坐在单人沙发
　　　上）。我能不能这样理解，就是以前你们家的状态
　　　是妈妈跟孩子在一起，爸爸单独一个人。

大东：对。

妈妈：基本上是。我跟孩子两个人在家，我管孩子比较
　　　多，孩子什么事都不用干，只要好好学习就行，
　　　然后上初中后开始住校，他的自理能力差一些，
　　　就是因为以前我管得太多了。

咨询师：我们在这里停一下。（对爸爸）现在我想让你看一
　　　下，妈妈把更多精力放在孩子身上，而你在外面
　　　很担心她自己一个人在家，不是很信任她，所以
　　　她就很少出去见朋友或跟外面的人交流，因为怕

你起疑心，是不是？但你想一想，妈妈与其他人的沟通、交流越来越少，是不是在家就会越来越压抑、越来越难受，当家里只有妈妈和孩子两个人时，她只能把孩子当成什么？

大东：发泄工具（笑）。

咨询师：发泄工具，孩子也笑了，是不是？

爸爸：现在我终于意识到这个问题了。

咨询师：所以你一回家，她反而很紧张，因为她担心你回家后会怀疑她，是不是？

爸爸：是的。

咨询师：如果孩子不在家呢？（对大东）你过来坐在这把小椅子上（孩子背对着父母坐在离他们有一段距离的小椅子上）。孩子上学去了，妈妈自己一个人在家，爸爸是不是担心妈妈，怀疑她跟其他人来往，那孩子在学校里能安心学习吗？

咨询师让爸爸坐回到妈妈身边，爸爸对自己怀疑妈妈充满了愧疚，承诺以后会对妈妈好一点，妈妈也很感动，双方都向孩子承诺他们永不分开。妈妈掉下眼泪，爸爸为妈妈擦眼泪，并用另一只手抱住了妈妈的肩膀。咨询师让大东继续坐在小椅子上背对着父母，体会此时此刻假如他在教室里坐着，爸爸、妈妈坐在家里聊天，很亲密的样子。

> 咨询师：（对大东）你回头看一眼，说说如果此时此刻你坐在教室里有什么感觉？
>
> 大东：（回头看了一眼爸爸和妈妈，笑了）挺好的，挺不容易的，我放心了，心里踏实了。

八、"我爱你们""我们也爱你"

> 咨询师：（对大东）你刚才说了句"挺不容易的"，感觉心里踏实了。你把这把小椅子转过来，看着爸爸、妈妈，说一说你最想和他们说的话。
>
> 大东：我爱你们。
>
> 妈妈：我也爱你。
>
> 爸爸：我也爱你，儿子。
>
> 咨询师：看看爸爸、妈妈，他们不分开，他们不会抛弃你，爸爸会好好对妈妈，（对爸爸、妈妈）你们两个人过来站在孩子的后面。

咨询师让爸爸、妈妈站在大东的身后，三个人都闭上双眼。爸爸和妈妈一人一只手搭在大东的肩膀上，把他们最想和孩子说的话在心里说出来。此时此刻，每个人都流下了感动的泪水。之后，一家三口很自然地坐在了三人沙发上（大东坐在妈妈、爸爸中间）。咨询师让他们说说此时此刻的感受。

　　爸爸：感觉轻松多了。

　　大东：更幸福了。

咨询师：非常好，孩子，从今天开始大胆地说出来，说我
　　　　们更幸福了。（对妈妈）你有什么感觉？

　　妈妈：我感觉丈夫更信任我了。

咨询师：更信任你了，是不是？当丈夫更信任你时，你心
　　　　里有什么感觉？

　　妈妈：没有那么担心和焦虑了。之前，不管我出去干什
　　　　么，感觉心里总是揪着，担心他会多想，现在我
　　　　觉得他开始信任我了。

　　最后，咨询师询问了大东的服药情况，大东服药不到一个月就感觉药物对睡眠有帮助。现在大东也在接受心理咨询。

咨询师的建议

　　1. 孩子要继续接受心理咨询和服用药物。

　　2. 建议爸爸多关注自己的状态。咨询师发现爸爸内心可能有恐惧、焦虑等情绪，这与其个人成长经历及原生家庭有关，爸爸要充实和放松自己。当爸爸不信任家人时，要先意识到这

是自己的问题，不是他人的问题，平心静气地与家人交流。

3.孩子要感受爸爸、妈妈之间关系的变化，同时也要不断地发现自己的变化。针对孩子一去学校就出现躯体症状这一情况，建议进行脱敏训练，如从在学校附近闲逛开始，先熟悉学校周围的环境，逐级进行脱敏。

4.孩子要慢慢地学会适度使用手机，多走出家门，多与父母、朋友交流。

5.如果夫妻之间再发生冲突或不愉快，最好接受心理咨询，及时解决问题，不要影响孩子。

家庭问题解析

家庭的困境

在这个案例中，家庭的主要问题是亲子关系紧张、爸爸对孩子缺乏有效陪伴、夫妻沟通不顺畅，以及家庭教育方式失调。妈妈对孩子的高标准和苛求，加上爸爸长期对孩子缺乏陪伴，造成孩子在情感和心理上都感到缺乏支持。此外，父母经常争吵和家庭冲突进一步增加了孩子内心的压力，使他难以建立安全感，导致其出现厌学和焦虑症状。

父母的困境

妈妈由于自身的不安全感，对孩子实行严格管教，忽视了孩子的心理需求，导致孩子感觉压抑和无法自由地表达自己。而爸爸因长期不在家，和孩子缺乏沟通，无法理解孩子内心的感受，甚至在孩子出现问题时，选择了错误的教育方式（如打骂、送孩子去"青少年教育基地"），对孩子造成了更严重的伤害。父母对孩子心理的健康不够重视，致使孩子的状况逐渐恶化。

孩子的困境

孩子在学校和家庭中都缺乏情感支持，面对父母的严格管教和对其心理困扰的无视，内心产生了深深的孤独感和被遗弃感。同时，父母常年争吵和关系不稳定，导致孩子缺乏安全感，表现为厌学、自伤和焦虑。在被强制送到"青少年教育基地"后，孩子对父母更加不信任，导致情绪长期压抑，甚至出现"被束缚"的无助感和绝望感。

家长的应对策略

1.父母要及时发现孩子遇到的问题，当孩子的身体出现不适时，及时送孩子去医院就诊，谨遵医嘱吃药，同时让孩子做心理咨询。

2. 建议父母做夫妻咨询，以化解夫妻之间的矛盾，尽量减少夫妻之间的矛盾对孩子造成的影响。

3. 父母要理解孩子，理解孩子对学校的反感及逃避，多陪伴孩子，让孩子逐渐对去学校脱敏，慢慢让孩子减少对手机的依赖。

4. 父母要与孩子及时沟通，避免孩子在情绪波动较大时发生自伤行为，多进行亲子互动类的活动，避免长时间待在家里。

以下是一些简单的练习，旨在帮助家长改善与孩子的关系。

练习 1：情绪接纳与表达

目标：学会接纳孩子的情绪。

当孩子表达负面情绪时，家长可以说："我知道你现在很难过或生气，我理解你的感受。"

练习 2：非暴力沟通

目标：避免家庭矛盾激化，提升沟通质量。

使用"我"开头的语句表达自己的需求，如"我感觉有些焦虑，因为我很关心你的健康，想知道有什么能帮助你的"。避免使用指责性的言语，如"你总是这样"，可以换成"当你这样做的时候，我感到……"

练习 3：共同设定小目标

目标：帮助孩子恢复生活秩序，增强自信。

和孩子一起设定一些小的、容易实现的日常目标，比如每天按时起床或在规定时间内完成一件事。孩子每实现一个目标，就给予其积极的反馈，如"我注意到你今天完成了目标，做得很好"。

练习 4：家庭活动

目标：通过正面的互动改善家庭氛围。

每天花 15 分钟进行亲子互动，比如一起散步、下棋或看一集孩子喜欢的电视剧，专注于活动过程。在家庭活动中，家长可以适时表达"我很享受和你在一起的时光"。

练习 5：身体放松练习

目标：帮助缓解孩子的焦虑，放松身心。

和孩子一起做深呼吸练习，让孩子舒适地坐下或躺下，家长引导孩子吸气 5 秒、屏气 3 秒、呼气 7 秒，重复几次。做完后家长可以询问孩子："做完这个练习后，你感觉如何？"

家长的思考

结合本案例，请父母根据自己的实际情况进行如下思考。

1. 当夫妻之间发生矛盾时，你会想办法妥善化解矛盾吗？还是会把孩子卷入其中，导致孩子卷入夫妻矛盾，进而对孩子造成不好的影响？

2. 作为父母，当孩子在学校里遇到困难时，你能否及时理解和支持孩子，帮助孩子觉察他的情绪，对情绪进行识别和命名，并教孩子一些情绪调节的策略？还是觉得是自己的孩子不好，要进行严格管教？

3. 请你回想自己小时候是如何被养育的？你的成长经历对你现在养育孩子有什么影响？

第三章

很想站起来的小楠

案例介绍

　　母子二人参加本次咨询。小楠（化名），男，读高中，从小背负着爸爸的高期待、承受着妈妈的焦虑情绪，他的内心有很多想法和感受，但不敢表达，不想表达，也不能表达。因为只要他一表达，妈妈的情绪就会失控，所以他选择压抑自己。生活在这样的家庭里，小楠的情绪没有释放的出口，久而久之，只能以生病的方式告诉父母：我受不了了，希望你们能看到我内心的痛苦和感受。

　　从左至右：咨询师（坐在单人沙发上），妈妈、小楠（二人坐在三人沙发上）。

咨询过程

一、"拜弟子"花了 10 万元，孩子有心理阴影

孩子进咨询室时低着头，戴着口罩，坐下后摘下眼镜，看起来比较紧张。这次来接受家庭心理咨询，妈妈没有告诉爸爸，爸爸知道后很生气。妈妈自从学习了一些关于家庭教育的知识后，意识到孩子目前遇到的问题源于父母。

> 咨询师：（对妈妈）为什么你不敢告诉爸爸你们要来做咨询？
>
> 妈妈：因为孩子读初三时，我们参加过一个家庭教育的训练营，那个老师挺厉害的，孩子也很崇拜那个老师，然后我们就在他那里花了 10 万元"拜弟子"。
>
> 咨询师：等这次咨询结束后，你告诉爸爸，我们这里没有"拜弟子"一说，不需要花钱，你们参加的是一个公益的家庭心理咨询。

在咨询师与妈妈沟通期间，小楠把双手夹在双腿中间，双肩向内挤。

> 咨询师：（对小楠）我想问问你，妈妈是怎么告诉你要来这里的？

小楠：之前我们在当地的医院做过心理咨询，那个心理
　　　咨询师建议我们做家庭咨询，并向我妈妈推荐找
　　　您做家庭咨询。

咨询师：那你自己想不想过来？

小楠：要是免费的话我肯定愿意来。

咨询师：这次是免费的，不像你们之前"拜弟子"要花10
　　　万元。

妈妈：现在他们对"拜弟子"这件事都有心理阴影了。

咨询师：嗯，（对小楠）你遇到了什么心理困扰？

期中考试后，小楠不想去学校，持续时间大概一个月，妈妈带他去医院看过。在咨询师与小楠交流期间，妈妈有两次想帮忙进行解释，咨询师意识到此刻小楠更需要进行自我表达。

咨询师：（对小楠）你不想去学校的那一个月有什么表
　　　现吗？

小楠：压抑，有点焦虑，还有点堕落。

咨询师：有点什么？

小楠：堕落。

咨询师：我怎么理解你说的"堕落"这个词的意思？

小楠：刚开始就是不想去学校，差不多有三四天，但是
　　　功课也没落多少，要是接着去上学的话，慢慢地

功课还能补上。但后来功课落得越来越多，然后我就感觉自己补不回来了，就不太敢去了，就在家里"躺平""摆烂"了。

咨询师：我理解是因为功课落得太多了，然后你就不敢去学校了。

因为不想和不敢去学校，父母带小楠去医院进行检查，被诊断为轻度抑郁，做了四五次心理咨询，孩子一直在吃药。孩子说话时会习惯性地看一下妈妈。

咨询师：（对小楠）我看你说话时会时不时地看看妈妈，你意识到了吗？

妈妈：我能说一句话吗？（妈妈第三次想插话）

咨询师：（对妈妈）不着急，你先等一下。（对小楠）我不让你妈妈说话时，我看你立刻抱起一个靠枕，你现在抱着靠枕感觉舒服吗？

小楠：挺好。

咨询师：抱着靠枕感觉稍微舒服一点，是不是？

小楠：嗯。

二、"一回家就出事"

咨询师问了小楠在医院做心理咨询的情况，那个咨询师说

小楠没有什么大问题，但小楠觉得自己有问题。

> 咨询师：我特别好奇，你觉得自己有问题，你能多说一点吗？
>
> 小楠：嗯，回家有问题，一回家就出事。
>
> 咨询师：你说到这时，我看你抱着靠枕，低下头，眼眶红了。这个靠枕好像一个挡箭牌，你躲在靠枕后面，我虽然看不到你，但我知道你心里不舒服。你低着头，说到家的时候你想哭。告诉我，你想到了什么？（妈妈哭了，小楠也哭了）没事，可以哭出来……
>
> 小楠：其实回家还好吧。
>
> 咨询师：一说到家会让你想到什么？
>
> 小楠：我不太清楚。
>
> 咨询师：嗯，但提到家就会掉眼泪，是吗？
>
> 小楠：嗯。

咨询师与小楠交流后得知，小楠哭不是因为觉得委屈，而是爸爸和妈妈的"希望"给他带来的压力。

> 小楠：是爸爸对我的希望，准确地说，这种希望对我来说就是压力，虽然他们自己说没给我什么压力。
>
> 咨询师：你说他们，所以不仅仅是爸爸，对吗？

小楠：嗯，还有我妈妈。

爸爸和妈妈对小楠有很高的期待。妈妈谈到，爸爸觉得自己毕业于"985"大学，自己的儿子也不能太差。所以，他把自己的精力都放在孩子身上。爸爸经常跟妈妈说其他都无所谓，一定要把儿子培养成才，这是妈妈最大的任务。在妈妈看来，如果孩子学习不好，考不上好大学，爸爸可以为此去死。于是妈妈就很看重孩子的学习成绩，孩子的考试分数稍微下降一点点，妈妈就焦虑不安。

三、"你说的都对"

咨询师：（对小楠）当妈妈说这些话时，坐在旁边的你有什么感觉和感受？

小楠：还好吧。

咨询师：我怎么理解你说的"还好"？

小楠：就是说得都对，确实是这样。

咨询师：你说到这时，我看你的眼眶又红了。你看看妈妈，告诉她"你刚刚说得都对"。

小楠：（扭头看向妈妈）你刚刚说得都对。

咨询师：重复这句话"你说得都对。"

小楠：你说得都对。

咨询师：接着说。

小楠：你说得都对，你说得都对，你说得都对。

咨询师：当你重复"你说得都对"这句话时，心里是什么感觉？没事儿，让眼泪流出来。

小楠：难受（哭）。

咨询师：难受，说得很好。（对妈妈）听到孩子不断地对你说"你说得都对"时，你心里有什么感受？

妈妈：我感觉有一些心疼，他一哭我就很心疼。

咨询师：你很心疼他。刚刚孩子在表达"你说得都对"时，我看到了他心里的无奈和委屈，于是我眼前出现了一幅画面：一个人浑身被捆住，动不了，他挣扎过，但依然被紧紧地捆着，所以很无奈。（对小楠）在家里感受到这种压力是从什么时候开始的？

从小楠开始记事起，他学习时妈妈就在旁边看着，他一走神妈妈就会批评他；不但要完成老师布置的作业，妈妈还会给他买许多试题和参考资料，并且还说"你成绩这么好，是因为妈妈帮你了"，可孩子并不这么认为。

咨询师：（对小楠）我特别好奇妈妈看着你写作业、给你买试题和参考资料、盯着你学习，整个过程带给你的感受是什么？

小楠：带给我的感受就是，我想到我读高中的时候，我
　　　自己也会买一些试题，全程都是自己做，最后考
　　　试成绩也很不错。

咨询师：当你自己学习时考试成绩也不错，所以好像你并
　　　不是那么需要妈妈所谓的帮助，是吗？

小楠：嗯。

四、"我会好好照顾自己"

咨询师让妈妈坐在单人沙发上，小楠问咨询师他要不要换位置，咨询师问他的意见，他表示自己还想坐在三人沙发上。

小楠：我现在抱着靠枕会更舒服一些，我想抱更多的
　　　靠枕。

咨询师：你喜欢靠枕包裹着你，这样会让你更舒服一些，
　　　是吗？

小楠：有点吧。

咨询师：我们再试一下，可以更夸张一些（咨询师把单人
　　　沙发上的靠枕都给小楠），这样你感觉怎么样？

小楠：你坐着会不会不舒服？

咨询师：你在考虑我这里没有了靠枕会不会坐着不舒服，
　　　你并没有体会自己是否舒服，是不是？（小楠点
　　　头）我很舒服，这么多靠枕围着你，你有什么

感受？

小楠：有点多。

咨询师：有点多，那你体会一下什么状态让自己最放松，（咨询师拿回一个靠枕）这样呢？

小楠：很好。

咨询师：闭上双眼体会一下，此时此刻你的身体有什么感觉？

小楠：安心吧。

咨询师：安心。闭上双眼体会这种安心、放松，这种感觉和感受会让你想到什么？

小楠：（沉默）也不是安心吧，应该不是安心。

咨询师：我看你又掉眼泪了，告诉我此时此刻你心里有什么感受？

小楠：也不是安心。

咨询师：也不是安心，依然不安心，你可以说出来，"我感到不安心"。

小楠：我……还是安心吧。

咨询师：好像你很难确定当下的这种感受是什么。我看到你在掉眼泪，你想到了什么？

小楠：我没想到什么。

咨询师：你刚刚想说什么？大胆地说出来。

小楠：拥抱的感觉。

咨询师：拥抱的感觉。如果让你想象你在和一个人拥抱，这个人会是谁？

小楠：想到我以前的女朋友。

咨询师：如果此时此刻你正在和她拥抱，你会对她说什么？

小楠：我也不知道该说什么。

咨询师：嗯，如果你抱着她，你的身体有什么感觉？

小楠：有点天旋地转。

咨询师：把你想对她说的话说出来。假如你正抱着她，不要压抑，如果她在这里，你会对她说什么？

小楠：对不起。

在咨询师的带领下，小楠反复地向前女友道歉，帮助他表达曾经想说而没有说出的歉意，也表达自己的无奈，最后接受分手的结局，彼此都照顾好自己。因为在和妈妈的相处中，小楠总是被妈妈暗示"离开我，你不能照顾好自己、不能搞好学习"。

五、妈妈的情绪化对孩子的影响

咨询师：（对妈妈）我看到你也泪流满面，能说说吗？

妈妈：刚才看到孩子在告别，我想起了我的初恋，可能也缺少这样一个告别，所以我能够理解他的感受。

咨询师：你能够理解他的感受。

妈妈：对。

咨询师：你刚才讲你也需要一个告别。

妈妈：但是我现在又觉着那是孩子需要的，其实我现在
不需要了。我经历了很多事情，现在我觉得自己
已经很成熟了，可能因为刚才我看到他告别的那
一幕，就想到了自己也需要一个告别，但是回到
现在这种状态，我觉得自己又不需要了。

咨询师：你的这个变化还是很快的，几分钟前你的情绪还
是很激动的。

妈妈：对，我平时也这样，很情绪化。以前对孩子也是
这样，特别情绪化，但是现在好多了，因为我的
情绪化对孩子造成了影响。

咨询师：我觉得你现在依然很情绪化，你看几分钟前你的
情绪很激动，现在又一脸微笑。

妈妈：对、对、对，我就是这样，很情绪化。

咨询师：（对小楠）你妈妈刚刚说的话你听见了吗？

小楠：听见了。

咨询师：她说她的情绪化给你带来了影响，是这样吗？

小楠：（沉默）是。

咨询师：嗯，你能具体说一说吗？妈妈的情绪化给你带来了怎样的影响？

小楠：她心里一烦躁就发脾气，然后就会影响到我，我的心情也跟着很烦。

咨询师：嗯，能举个例子吗？

小楠：比如我在家里没收拾好自己的东西或没在写作业，她会立刻闹情绪，然后我就会受到影响，我也跟她发脾气，两个人就会发生争吵。

咨询师：所以你和妈妈经常产生冲突和矛盾，是吗？

小楠：是的，发生完冲突后又后悔。

咨询师意识到来访家庭的亲子关系过度融合，没有边界。所以，尝试调整两人之间的位置，让妈妈坐在旁边的单人沙发上，以此推动母子心理边界的分化。

咨询师：（对小楠）我问你一个问题，是妈妈坐在你对面你感觉好一点，还是妈妈坐在你旁边你感觉好一点？

小楠：她坐在对面我感觉好一点。

咨询师：妈妈坐在对面你感觉好一点。

小楠：对。

咨询师：我发现你忽然放松了，你不再抱着靠枕了。我能不能理解为妈妈离你远一点你感觉好一些?

小楠: 嗯。

咨询师: 你现在看着妈妈说"妈妈, 你离我远一点我感觉好一些"。

小楠: 我不想说。

咨询师: 你试一下。

小楠: 也不想试。

咨询师: 是什么让你不敢对妈妈说出你的心里话呢?

小楠: 不想对她说, 怕伤她的心。

咨询师: 非常好。所以, 即使她离你远一点会让你感觉舒服一些, 你也不会对她说"你离我远一些", 因为你害怕伤了她的心, 你是在压抑自己, 而且还会装出自己很好的样子, 是吗?

小楠: 是的, 我怕妈妈伤心、难过(哭)。

咨询师: 看到你这个样子我很心疼。你已经很难受了, 还得理解妈妈、想着妈妈, 就像刚才我多给了你一个靠枕, 虽然靠枕太多让你感觉不舒服, 但你又很难拒绝。你总是在委屈自己, 先满足别人和照顾别人的感受, 是这样吗?

小楠: 是的, 就是这样, 所以我在家里感觉很压抑, 在学校里也感觉很压抑。

咨询师：（对妈妈）听到孩子说这些，此时此刻你有什么感受？

　　妈妈：我终于看到了问题所在。从小到大他心里有什么想法都不说出来，他对我不满也不说出来。

咨询师：作为妈妈，你现在想想，是什么让你的孩子不敢对你说心里话？

　　妈妈：现在回过头来想想，因为我一直在控制他，所以他不敢表达，他在意我的感受，在意我和他的关系。比如，他小时候想学弹钢琴，而我让他学弹吉他。他不敢表达自己的想法，就按照我的意愿学了弹吉他。现在他跟我说其实他不喜欢弹吉他，而喜欢弹钢琴，我说"你当时为什么不说呢"，他说"我不敢说，怕你不高兴"，类似这种事情太多了。

六、"妈妈，我也想站起来"

咨询师：接下来，我们做一个实验（咨询师拿来两把小椅子放在桌子上），这把正着放的小椅子代表妈妈，这把倒在桌面上的小椅子代表小楠。

　　小楠：为什么我是倒着的？

咨询师：你希望你是站立着的吗？你在妈妈面前能"站立"

起来吗？（小楠扭头看了看妈妈），你又在看妈妈。

小楠：（笑）我不知道。

咨询师：你不敢说出自己的心里话，你总是在意妈妈的看法，你心里有很多的恐惧、害怕。（小楠沉默，看着桌面上的两把小椅子，又有情绪出来）我看到这幅画面引发了你的一些情绪（小楠沉默）。你试试能把这把小椅子扶起来吗？你希望它是什么样子的？（小楠把倒着的小椅子正过来）你希望它是这样的。

小楠：代表妈妈的椅子就这样吧，她很难改变。

　　孩子不相信妈妈能够改变，即不再干涉他，自己有力量可以把倒下的小椅子扶起来，但孩子依然先考虑妈妈的情绪。

咨询师：（对妈妈）你有什么感受？

妈妈：我在努力改变自己。

咨询师：在孩子心里，让你放下之前固有的观念、想法或做法看起来很难？

妈妈：太难了。

咨询师：放下你管教孩子时的固有模式和要求。

妈妈：对，我努力。

小楠：我觉得我妈妈此时此刻已经在改变了，我希望回到家后她也能试着去改变。

咨询师：（对小楠）你好像开始敢在妈妈面前表达自己内心
　　　　的想法了，你也在改变。

小楠：是的，我感觉到了。

咨询师：你跟妈妈说"我可以像个男子汉站起来，不'躺
　　　　平'了"。

小楠：妈妈，我也想站起来，不想"躺平"了。

咨询师：你相信自己能好起来吗？

小楠：不知道。我想不出来该怎么办。

咨询师让小楠抓起那把代表自己的小椅子。

咨询师：（对小楠）抓着它，闭上双眼，对，它就是"躺平"
　　　　的你，但它也可以站起来。如果它是"躺平"的
　　　　你，你会对它说什么？

小楠：（沉默）你能不能站起来？

咨询师：嗯，你说"我不喜欢你这样，我想让你站起来"。

小楠：我想让你站起来。

咨询师：但它站不起来，因为并不像你想象的那么容易，
　　　　你能理解它吗？你知道它"躺平"的感受吗？它
　　　　也想好起来，它也想有力量，它也不喜欢现在的
　　　　自己，但重新站起来需要一个过程。

　　小楠：这个过程太长了怎么办？有人等不了了。

咨询师：谁等不了了？

　　小楠：我自己。我不允许这样，我不允许这样。

咨询师：你告诉我，假如它有生命力，它听了你的这番话，
　　　　它会有什么感受？

　　小楠：不舒服。

咨询师：你坐在这把小椅子上体会一下这种不舒服的感受。

　　小楠：（从沙发转坐在小椅子上）感觉自己像个小孩。

咨询师：感觉自己像个小孩。

　　小楠：嗯（身体来回晃动几下）。

咨询师：（对妈妈）妈妈站起来，（对小楠）你这样看着妈
　　　　妈，你有什么感觉？

　　小楠：她高高在上的感觉。我想站起来，让我妈妈离我
　　　　远一点，和她保持一定的距离。

　　妈妈：嗯，好。

咨询师：（双手鼓掌）非常棒，这是你的心里话，告诉妈
　　　　妈，你可以照顾好自己。

　　小楠：我可以照顾好自己。

　　妈妈：嗯，我相信你。

小楠在咨询师的带领下反复向妈妈表达"我可以照顾好自

己""我能独立""我会为自己负责任"，这也是他在向自己表达，给自己力量和勇气。

七、通过手的接触、放开，感受支持与边界

咨询师：好，接下来咱们三个人互相拉着手围成一个圆圈，都闭上双眼。我们体会手与手之间的接触，手可以稍微使一点劲，让对方感受到你的手与他的手的连接。非常好，体会这份连接及带来的感受，体会彼此相互支持带来的力量。对，然后手开始慢慢地放松，轻轻地托住对方的手，对，让对方感受到我们对他没有要求，他的手想与我们接触就接触，不想接触可以拿开，他有自己的选择。对，我们和他有边界、有连接、有接触。对，每个人都想着我可以照顾好自己。对，可以回来，也可以离开。非常好，孩子，你做得非常好，我看到了你在大胆地尝试，你可以感受自己的力量，非常好。现在我们慢慢地睁开双眼，再次坐下来，谈一谈彼此的感受和发现。

妈妈：我觉得对我的触动特别大。我没想到孩子能够打开心扉，我自己还需要继续改变。

小楠：我没有什么想说的。

咨询师：（对小楠）今天你的表现已经很不错了，在这里与我和妈妈交流了这么多。

咨询师的建议

1.关于妈妈和孩子过度融合的部分，妈妈要先稳定自己的情绪，建议给孩子找专业的心理咨询师持续做心理咨询。

2.爸爸要降低对孩子的期待，专注于夫妻之间的情感交流和亲子之间的互动，多与孩子谈论一些学习以外的话题。

3.关于孩子，给予自己更大的空间，觉察和认识自我。

家庭问题解析

家庭的困境

这个家庭表面的困境是孩子不去上学，而实际问题是爸爸对孩子学习成绩的焦虑。妈妈本来情绪就不稳定，爸爸又把这种焦虑传递给妈妈，"你的最大任务就是把孩子培养成才"。孩子承受着来自爸爸高期待的压力，还受到妈妈的情绪不稳定带来的影响，内心充满委屈和压力，却因为和妈妈过度融合而无法表达内心的想法。爸爸和妈妈的关系是不平等的，爸爸高高在上地"教育"妈妈，妈妈像下属，需要执行上级的"指令"，妈妈的价值建立在孩子的学习成绩之上，夫妻之间缺乏情感交流。

孩子的困境

孩子感受不到父母相爱，很难建立内在安全感；爸爸把孩子的成绩看得比自己的生命还重要，这对孩子来说压力太大了；妈妈情绪不稳定，孩子有任何心事都不敢说出来，因为害怕妈妈更难受，所以孩子没有释放压力和情绪的出口，最终因承受不了而无法去上学。从表面上看是孩子"躺平"、没有力量，实则是无法与妈妈分离。

家长的应对策略

1. 调整对孩子的过高期待，根据孩子的实际状况、能力、兴趣、爱好及其意愿，合理规划孩子的未来。

2. 把自主权交还给孩子，包括学习、时间安排、生活、娱乐等，从根本上尊重和信任孩子。

3. 妈妈培养自己的兴趣爱好，构建自己的生活圈子，从孩子的生活中退出来，逐渐完成和孩子的分化。

4. 通过夫妻咨询修复夫妻之间的关系，建立平等的对话关系，重建情感沟通的桥梁。

下面是一些具体的做法。（1）表达肯定。当孩子在学习或生活中有一些积极的变化时，我们要及时给予肯定和鼓励，让他们感受到自己的努力得到了认可。例如，孩子以前不愿意出门，今天主动下楼取快递、扔垃圾，家长可以说"我注意到你今天主动出家门了，这是我没有想到的，我感到很惊喜"。（2）对孩子为家庭所付出的努力真诚地表达感谢。例如，孩子帮忙做家务、照顾弟弟或妹妹等，家长可以诚恳地说："谢谢你，你的帮助让我感到很温暖"。

通过这些具体而细微的表达，孩子一方面感觉到自己被看见，能够增强其自信心和价值感；另一方面能让孩子感觉到父母和以前不一样了，不再只关注自己的学习，能够把自己当作一个独立、完整的个体来对待了。

家长的思考

结合本案例，请父母根据自己的实际情况进行如下思考。

1. 你了解孩子日常的情绪和感受吗？

2. 你是否对孩子有过高的期待？孩子的哪些表现和你的过高期待有关？

3. 作为家长，怎样让自己的情绪更稳定？如何为自己的情绪负责？

第四章

怀疑身上有味道的文文

案例介绍

　　一家三口参加本次心理咨询。文文（化名），读大一，刚办理休学手续，和父母一起来到咨询室。困扰这个家庭的问题是文文读高一时做了一个痔疮手术，之后她就感觉自己身上总有一股特殊的味道，在公共场合、人群中、与同学及朋友的相处中，她总是不自然、不自信、非常紧张，担心与他人接触。因此从高二开始文文就不去学校了，但是父母都表示闻不到她说的特殊味道，也带她去医院检查了多次，均无问题。文文和父母就这个问题不断发生争吵，关系逐渐有些敌对，整个家庭氛围非常紧绷和压抑。

　　从左至右：咨询师（坐在单人沙发上），妈妈、爸爸（二人坐在三人沙发上），文文（坐在单人沙发上）。

~~~~~~

咨询过程

一、"那是你不觉得"

咨询师：谁先说说你们家遇到了什么问题？

　文文：自从做完手术后我感觉身上有时会有一股味道，我想和别人交往，但又怕身上的味道影响我们的关系。尤其在人多的地方我会特别紧张，有人离我很近时，我也会感觉不自在。

咨询师：会有一些担心，对吗？

　文文：对。

咨询师：这是你觉得。（对妈妈、爸爸）你们觉得呢？

　妈妈：她做手术是在高一下学期，做完手术后她就去学校了，没过多久她就回家说不想去学校了。

咨询师：做的什么手术？

　妈妈：痔疮手术。她总觉得这个手术做得不是特别成功，做完手术后身上有股味道，可是我闻不到。后来我们又带她去医院复查过几次，医生也说没有什么问题。

文文：医生说刀口是长好了，但是收缩不能像以前那样了。

咨询师：我的理解是躯体上有问题、有味道，是吗？医生是怎么说的？

文文：医生说刀口已经长好了，但是有时，比如肚子里气多时就会控制不住，不像做手术之前那样，医生说这个得慢慢练习。

咨询师：我理解的是控制不住会放屁，还是其他什么？

文文：对，有时候我也感觉不到，但实际上是有味道的。

咨询师：你能闻到，但周围的人闻不到？

文文：不是，周围的人也能闻到。

咨询师：所以这让你很紧张？

文文：对，尤其是参加集体活动时，所以我特别讨厌集体活动。就算当时我身上没有味道，整个人也会不自觉地感到紧张。

妈妈：可是我们就不觉得有味道，至少我不觉得。

文文：那是你不觉得。别人都已经跟我说过了，指着我的鼻子说的。

咨询师：先不着急。(对爸爸)你觉得有什么味道吗？真实地表达，觉得就是觉得，不觉得就是不觉得。

爸爸：我觉得没有什么味道。

二、"不是我这样认为，这是事实"

咨询师：（对文文）你周围的老师、同学，还有舍友，给你的反馈是什么？

文文：他们就说有时候会有一些味道，但是……

咨询师：他们会告诉你吗？

文文：我问的话他们就会说。我问了和我关系比较好的朋友，她就说有时候确实有味道，而且我自己有时候也能闻到。

咨询师：你自己也能闻到。我理解的是好朋友跟你讲有味道，但这并不影响你们之间的关系，是这样吗？

文文：不影响。但是对我来说就很难接受。

咨询师：嗯，我明白了。生理方面的事实我们无法改变，今天我们进行的是心理咨询，你想通过心理咨询达成什么样的目标？

文文：就是在人多的地方我可以不那么紧张，不会感觉特别难受，不那么过分地担心。我现在也想和别人交朋友，但是我内心又很抗拒，原因就是我比较担心。

咨询师：你现在坐在这里跟我说话有什么感觉？是否感到

担心？

文文：不担心，因为我做过几次心理咨询。

文文在之前的一年里做过五六次心理咨询，她感觉做心理咨询对她很有帮助，让她不再那么压抑，解开了心里的一些小疙瘩，精神和身体也不像以前那样互相拉扯，也没那么钻牛角尖了，父母也觉得她有了很大的变化。

妈妈：因为她说自己身上有味道，我们也带她去过五六次医院，从那次手术到现在已经过去好几年了，我觉得她的身体基本上恢复得差不多了。有时候，我说"如果你觉得有味道，那你的被子上应该也有味道"，但是我觉得她的被子没有什么味道。

女儿：（无奈）那是因为你有鼻炎，所以闻不到。

爸爸：我也闻过，确实没有味道。

女儿：（叹气）我又不是肛漏，只是收缩没有那么好而已。如果被子上都染上味儿了，那我整个人该有多大味儿？

爸爸：那你的房间里也没有味道。

文文：我的衣服上有味儿（妈妈叹气，掉眼泪）。

咨询师：（对妈妈）看得出来，妈妈也很压抑。有时好像明明事实就是这样，但你们和孩子感受到的却不一样。（对文文）你心里也很委屈，明明觉得自己身上有味道，但是他们就是闻不到。

妈妈：医生不建议再做一次缩紧手术，自从上次手术到现在已经恢复这么长时间了，但她一直认为自己身上有味道。

文文：不是我这样认为，这是事实。

三、"当我身上有味道时，给我带来的影响"

咨询师：（对文文）你确定这是事实，是不是？那你抬起头看着我，你用"当我身上有味道时，给我带来的影响"这个句式说一说，好的部分和不好的部分都可以。比如，"当我身上有味道时，我和别人就不能够离得很近""当我身上有味道时，我就没有办法专心致志地学习"。

文文：当我身上有味道时，我特别自卑，我特别怕别人那样说我，我也怕同学和朋友会嫌弃我。

咨询师：被嫌弃、感到自卑，还有什么？

文文：当我身上有味道时，我就觉得生活好像一眼就能望到头。

咨询师：生活一眼就能望到头，没什么意义，还有什么？

文文：我就觉得自己不是一个正常人，我想过正常人的生活，但是不行。

咨询师：你告诉我，你理想中的正常人的生活是什么样的？

文文：可以正常地学习、工作、生活，不像我一样会影响别人，然后别人又把他们的情绪传递给我，这让我很难受。

咨询师：你刚刚谈到自卑、不愿意接触他人、觉得生活没有意义，这些感觉是从什么时候开始有的？

文文：从我身上有味道开始的。

咨询师：做手术的时候还没有？

文文：做手术之前没有，就是从做完手术身上开始有味道之后才有这些感觉。做完手术后我去学校，同学就说我，他们跟我说了以后……

咨询师：那在做手术之前呢？比如，小时候你的生活是什么样子的？

文文：小时候我挺喜欢热闹的，朋友也不少。但是后来慢慢地我的朋友就没有那么多了，我就觉得维持朋友关系比较累。

四、"维持朋友之间的关系好累"

咨询师：你从什么时候开始感觉维持朋友关系比较累？

文文：小学。

咨询师：当你感觉维持朋友关系比较累时，会不会觉得自己有点讨好他人、有点自卑，或者有点卑微？

文文：（擦眼泪）对。

咨询师：那时候你就觉得自己有点自卑了，你能具体说说这个部分吗？在跟朋友交往时怎样的状态或情形会让你感觉很累、很卑微？

文文讲述在上小学时，她和班里的几个同学经常一起玩，但后来一下课班长就把这几个同学叫走，孤立文文，只剩她一个人，她只能找其他人玩。从小学二年级开始，文文就觉得"维持朋友关系好累"，她就不再相信会有真正的好朋友了。

咨询师：从小学二年级开始就觉得维持人际关系好累，不相信有朋友在任何时候都会和自己站在一边，是吗？这样真的会让人感觉很累，这种情况你和爸爸、妈妈说过吗？（文文摇头）

妈妈：她跟我说过这件事。

咨询师：（对文文）然后呢？后来你有什么变化吗？

文文：到了初中，我交朋友完全就变成了任务性的。

咨询师：不是发自内心地想交朋友，是吗？因为好像心里从那时就埋下了一颗种子，就是"没有人愿意跟我站在一边"。因此所有的社交就成了一种任务，不会有真的感情，也不愿意跟他们说心里话，是不是？

文文：（点头）读初中的时候，其实我想交一个真正的朋友。

咨询师：有想改变一下现状的想法和意愿，是吗？

文文：嗯，但是那个女孩后来也不和我玩了。

咨询师：感觉自己好像又被遗弃或孤立了。所以，当时的情况是好像你都准备好敞开自己的心扉了，觉得她是个不错的朋友，但最后又遭受了一次打击，对吧？

文文：嗯。

咨询师：从那以后呢？

文文：之后我就再也没有信任过其他人。

咨询师：此时此刻你能向我敞开心扉，我觉得挺感动的。你说从那之后再也没有信任过其他人，但今天你跟我说了这么多。所以，我能不能这样理解，那时的你很紧张，活在一个伪装的世界里，很敏感、很在意别人，但又不想和别人靠近，是不是？我们现在做一个小实验，我现在发自内心地说你长得很漂亮，你听到这句话后心里有什么感觉？

文文：我感觉是假的。

咨询师：我相信不止我一个人说过你长得很漂亮，但是你都怀疑这句话是假的，是不是？我知道，你在心里也怀疑过自己，甚至你也怀疑过自己身上是不是真的没有味道，这个味道是自己幻想出来的，对不对？

文文：（点头，开始有情绪）对。

咨询师：好像你坚信不疑的这个"事实"，实际上你也怀疑过，对不对？"当我身上有味道时，别人就可以不和我站在一边，因为我心里埋下了那颗种子"，就像你刚刚说"没有人愿意跟我站在一边""所有人都孤立我、抛弃我"。

文文：他们都不值得信任。

五、"没有人嫌弃你，你是值得被靠近的"

咨询师：我们来做一个实验（咨询师搬来两把小椅子，一把红色的，一把绿色的，红色的椅子被放倒），你看着它（红色小椅子），这把椅子就是小时候的你。她倒在那里，她不愿意让任何人靠近，她很敏感，每当有人走近她的时候，她就很紧张、很难受。所以，别人都和她保持一定的距离。当你看到这样一个小女孩时，你心里有什么感觉？

文文：很难受。

咨询师：（看着红色小椅子）很难受、很无力、很自卑。她认为没有人愿意和她站在一边，从很小的时候她就是这样，你试着蹲下来（咨询师蹲在红色小椅子前面，引导文文也蹲下）。从小学二年级开始，她不愿意任何人靠近自己，因为她的心被伤透了，没人理解她。她对所有人说的话都是假的，她觉得所有人对她说的话也都是假的，没有人真正喜欢她，没有人真正爱护她，没有人愿意和她在一起、和她一起玩，她太累了。她的内心很孤独、很委屈，她一直带着这份孤独和委屈虚假地活着，从小学到初中再到高中一直到现在，她没有办法，她不知道怎样面对这份孤独，她不知道怎样面对心里的委屈，她不知道怎样面对这样一个怪圈，没有人愿意和她站在一边。她真的很惨，她真的很痛苦。此时此刻，你试着低下头，轻轻地触碰她。闭上双眼（文文闭上双眼，把手搭在红色小椅子上），对，感受一下她，她真的很惨。当有人靠近她时，她就想跑，她就觉得自己不配（文文哭了）。哭出来，触碰她，体会一有人靠近她，她就会躲开。再次触碰她，对，她还在躲，她不敢、害怕、委屈，她怕自己受伤。你能体会到她的感受吗？（文文点头）好，现在你用双手触碰她，体会她的紧张。对，当有人靠近她时，她就会感到紧张。她会莫名地感到紧张、恐惧、害怕，她也不想这样，但是她控制不住，她觉得自己不好。告诉我此时此刻你最想对她说什么，最想对倒在这里的这个无力的女孩说什么？

文文：让我帮你。

咨询师：嗯，"让我帮你"，对她重复这句话。

文文：让我帮你。

咨询师：即使你是善意的，她的内心还是充满了怀疑。她告诉你"我不行，我很自卑，我有各种问题，没有人愿意靠近我，没有人愿意帮助我，你不要理我"。听到她这样说，你会对她说什么？

文文：再相信我一次，我会帮助你。

咨询师：嗯。她跟你说"我很害怕、很紧张、很自卑"，你会对她说什么？试着抱抱她，让她感受到你一点都不嫌弃她，对她说"没有人嫌弃你""我不嫌弃你"。

文文：（抱着红色小椅子）我不嫌弃你。

咨询师引导文文抱着红色小椅子逐渐说出"我不嫌弃你""你是最好的""不要害怕，没有人伤害你""我和你站在一边""不管你是什么样子，我都会全然地接纳你"，让文文尝试接纳自己、陪伴自己，给予小时候的自己支持与力量。

咨询师：（对文文）抱着她，想象着她在你的怀里，她刚上小学二年级，她很小，她很难受，那时她无法跟任何人说，没有人理解她。此时此刻你抱着她，让她体会这份温暖，告诉她"没有人嫌弃你，你是最好的"。非常棒，让她体会到此时此刻这种感觉是真实的，她是最好的，没有人嫌弃她，她可以做最真实的自己。非常好，放松，深呼吸。

咨询师起身帮文文把刚才抱着的红色小椅子慢慢地拿下来并放在地上。

咨询师：（蹲在文文的旁边）非常好，现在你坐在这把红色的小椅子上。

文文坐在红色小椅子上，文文的父母坐在对面早已泣不成声。

咨询师：现在好像我们围成了一个圈，爸爸、妈妈、我和绿色的椅子都围着你，你现在感觉怎么样？

文文：好多了。

咨询师：现在你的周围都是人，我们都在靠近你。今天我是第一次见你，我客观地表达自己的感受，我离你这么近，这个房间又很小、很封闭，而作为心理咨询师，我对外界的声音、颜色和气味更敏感，因为我接受过相关的训练，但我并没有闻到有什么味道。我们现在都在靠近你，你是值得被爱的，值得被靠近的（文文轻轻地点头）。

六、味道对孩子是有意义的

咨询师：（对妈妈）我看你一直在掉眼泪，此时此刻你有什么感觉？

妈妈：我感觉孩子放松了很多，她心里一直有一些包袱和压力，她内心肯定受过伤。

咨询师：（对爸爸）我看你也哭了，平时这样哭过吗？

爸爸：我平时不会哭。

咨询师：我觉得你们一家人都绷得太紧了，每天都小心翼翼的，什么都不敢说。孩子的体验和感受你们体会不到，而且还否定她的感受，但是她很需要你们的理解，她很真实地感受到了那个味道。爸爸现在有什么感受？

爸爸：（缩起身体，泣不成声）我今天才知道，她从二年级就……

咨询师：对，从那时起她就被同学孤立，可能当时在她心里就埋下了一颗"没有人愿意和我站在一边"的种子。

爸爸：今天我对她了解更多了。

咨询师：（对爸爸、妈妈）你们今天更了解孩子了，觉得孩子很不容易，是不是？每当孩子跟你们讲"我身上有味道"的时候，实际上这个味道对她来讲是有意义的。作为父母，其实我们并没有很深入地了解孩子。我们也该反思，是什么让孩子从小心理压力就这么大，背负这么多东西。

妈妈：她上小学时也会跟我说这些事情，但是当时我没有正确地引导她，我就觉得同学之间不要想太多，这个人不跟你玩了，你再找其他人玩。

咨询师：对，所以你们没有从内心真正地理解孩子。她压抑了很久，被压抑的部分一直存在，就像一个魔咒一样围绕在她身边。这个魔咒越来越大，她不敢打破它，她需要一个合理的理由来继续维持这个魔咒，所以在潜意识里她需要让自己有问题，于是抓住了做手术这样一个机会。她做的这个手术是真的吗？是真的。做完手术以后她的身体肯定会有一些反应，这些反应是真的吗？也是真的，但是这些反应有没有那么严重？可能没有那么严重，她一定夸大了这些反应。但是这个夸大的部分让她获益了，就是让周围的人不要靠近她（咨询师说着把绿色的小椅子挪开，离文文远一些），让她觉得是自己不好、自己有问题。（对文文）你看现在我们围坐成一个圆圈，这种围成一个圆圈的状态给你什么感觉？你还紧张吗？

文文：（摇头）不紧张了。

咨询师：这个圆圈就像平时你处在某个有很多人的环境中，就像你和同学、朋友或陌生人围成一个圆圈。其实我特别感谢今天你能跟我说这么多。

咨询师接着询问文文最近的睡眠和饮食状况，文文说在家时睡眠还可以，在学校时容易醒，睡不踏实，感到有些焦虑、紧张，但也能睡着。饮食状况还算正常，就是压力特别大的时候会吃得很多，有一种需要被塞满的感觉，要不断地吃，吃的过程令她感到有存在感。

咨询师：（对文文）我想听听你现在怎么看待你刚刚讲的自己的问题。你刚才说你在人群中会很紧张，如果现在让你看你来到这里的目的和你的问题，你觉得心里轻松一点了吗？

文文：轻松了一些。我现在的感觉和刚开始来的时候不一样了，我现在觉得身边是暖的，刚开始来的时候是冷的。

咨询师：非常好，身体感觉发生了变化，刚开始是冷的，现在是暖的。而且咱们之间的距离很近，只隔着一把小椅子。这么近的距离有没有带给你一种不适感？

文文：（果断摇头）没有，一点也没有。

咨询师：好的，你现在想象一下之前你和别人离这么近时是不是有点儿……

文文：特别排斥。

咨询师：我们现在离这么近真是不容易呀。我想听听接下来你对自己有什么样的规划或想法，或者你愿意为自己做点儿什么。

文文：把自己的心态先放平，不要带一些主观的想法去学习和生活。在人群中尽量让自己放松，不去想太多，然后慢慢来，试着多与人交流，不要把它当成一种任务。

咨询师：非常好。你这么跟我讲话的时候，此时此刻我坐在这里就特别愿意和你聊天。我觉得你很温柔、很温暖、很放松。

文文：（点头）嗯。

咨询师：其实今天我还挺不好意思的，因为今天早上我去爬山了，怕耽误这次咨询，爬完山我就没有洗澡，但我又担心自己身上是不是有很大的味道。我自己闻起来好像没有什么特别的味道，因为没出太多汗。所以，其实有时候人都有些敏感，都会很在意自己的形象（文文点头）。但我们要看到，我们不断地纠结于这件事可能是因为这件事可以带给我们好处，比如，你纠结于身上有味道给你带来的好处是让你可以不接触那么多人。因为一旦你和别人接触，你的自卑感、对他人的不信任感就会出现，所以你通过这种自我攻击、自己不相信自己的方式，来避免别人和你接触、交流，这样你的心就不会那么累了，明白了吗？因为在你的大脑里已经种下了一颗种子，"没有人愿意和我站在一边"。从今天开始，我们就把这颗种子挖出来，相信很多人愿意和你在一起、愿意和你交流，好吗？

文文：好。

咨询师的建议

1. 文文心里的自卑、紧张可能源自小时候与同学之间不愉快的交往经历，再加上她比较敏感，然后内心就一直停留在那个地方。从今以后，文文要抛掉内心的一些东西，持续做一段时间的心理咨询。

2. 父母要多陪伴孩子，要了解孩子内心的想法，理解和支持孩子。

家庭问题解析

这个家庭表面呈现的问题是孩子认为自己身上有味道，不敢与人接触，不能去学校，只能待在家里，和爸爸、妈妈有冲突。实际上，她从小在人际关系方面受过伤，被同学孤立、被嫌弃，因此内心很自卑，不信任他人，到最后发展为不愿意与他人交朋友。父母也做了很多努力，多次带着孩子去医院做检查，但是因为父母总是在这件事上怀疑或否定孩子，所以孩子就不再向父母表达自己内心的想法，双方就"是否有味道"开始发生争执和冲突，一家人的注意力也聚焦于此，而真正的困扰，即孩子从小学开始在人际关系中感到自卑、紧张、害怕及觉得自己不够好，则无法被看到、被理解。

通过这次咨询，我们可以看到，孩子利用怀疑自己"手术之后身上有味道，因此别人才会远离我"，合理化"自己不喜欢与他人接触""别人也不愿意靠近我"这一事实，其中隐含了强烈的自我否定，即"我是不好的、我是被嫌弃的、我是不受欢迎的"，以及对他人的不信任，即"任何人都不会跟我站在一边"。所以，孩子面临的真实心理困境是一方面需要怀疑或夸大"自己身上有味道"来合理化人际交往方面的困难，另一方面又因为感觉身上有味道给自己带来了极大的困扰，进而更加自卑、更加不敢主动与他人交往，这就形成了一个死循环。打破这个循环的核心在于让这个家庭的所有人看见和疗愈孩子早年在人际关系中遭受的创伤。

家长的应对策略

1. 当孩子跟父母讲自己遇到一些问题和困扰时，父母该如何应对？

（1）父母不要第一时间否定孩子，被否定的次数多了，孩子就不愿意说了，甚至会和父母发展为敌对关系。因此，当孩子向父母诉说自己的困扰、委屈、难受时，父母要先倾听，不要否定孩子的情绪和想法，不打断、不评价、不建议、不比较，更不要去教育，让孩子先倾诉，再试着理解孩子。（2）父母在倾听时身体可以微微前倾，靠向孩子，专注地看着孩子，让孩子感受到父母在认真地听。（3）很多家长说"孩子说话没有重点"，越没重点，说明孩子的情绪状态越不稳定，越想把一件事说清楚，想让家长多了解一些信息。所以，作为倾听者，家长一定要先处在一个非常稳定的状态，只有这样才能稳稳地接住孩子的任何表达。

2. 如何瓦解家庭中"功能获益"的部分？

如果孩子总认为自己有病，但家长带孩子去医院检查后被诊断为没病，当发生类似的"疑病"状况时，如果孩子坚持说"你们都在骗我，我就是有病"，家长就要引起重视了。因为对孩子来讲，生病可能有"功能获益"的部分，比如生病了就可以不用上学和写作业了。而对家庭而言，孩子生病对整个家庭系统可能也有"功能获益"的部分，比如孩子通过牺牲自己的方式（如生病了），这样父母才会把他们之间的冲突和矛盾放下，转为对孩子的关注，整个家庭才能勉强维持平衡。因此，我们要深入探寻"获益"部分具体是什么，而不是纠结于表面的症状和问题。

家长的思考

结合本案例，请父母根据自己的实际情况进行如下思考。

1. 当孩子跟你讲自己遇到的问题或心里特别难受时，你是否经常否定和不承认孩子的表述或感受？

2. 当家庭出现问题时，要找出这个问题给孩子、伴侣甚至自己及整个家庭带来的"获益"是什么，这才是解决问题的关键。

第五章

希望自己得病的秀秀

案例介绍

　　一家四口参加本次咨询，爸爸、妈妈、16岁的女儿秀秀（化名）和6岁的儿子闹闹（化名）。爸爸出身农村，家境贫寒，是村里的第一个大学生，他觉得自己通过努力改变了自己的命运，因此对女儿寄予同样的厚望。秀秀从2020年开始表现出厌学症状，情绪低落，多次的自伤行为引起了父母的警觉。

　　从左至右：咨询师（坐在单人沙发上），弟弟闹闹、妈妈和姐姐秀秀（三人坐在三人沙发上），爸爸（坐在单人沙发上）。

咨询过程

一、"他急得在地上打滚，砸坏我房间的门"

咨询师：你们觉得你们家现在遇到了什么困扰？

爸爸：现在比较明显的困扰就是跟女儿没有办法谈上学的事。这种状况持续时间久了，我怕她偏离正常的生活轨道。

秀秀：停，这不是家庭问题，这是我上学的事。

咨询师：（对爸爸）所以你觉得现在的家庭困扰就是"女儿不上学"，我可以这样理解吗？

爸爸：对，目前她不能正常上学。

爸爸说自从不再上网课后，秀秀回到学校上课就比较困难，一直是断断续续地去学校。他认为孩子处于厌学的状态。在爸爸向咨询师介绍这些情况时，秀秀再次试图阻止爸爸讲她不上学的事情，而且声明希望等弟弟出去后再说她的事情。

咨询师：（对爸爸）你坐在这里有什么感觉？

爸爸：有点紧张，可能我们家每个人都有问题，我的问题就是比较传统、直接，他们都觉得我有问题（家里其他人都笑了）。

咨询师：（对闹闹）你觉得你们家有什么问题？你觉得姐姐

怎么样？

闹闹：（身体向后倒，几乎躺在沙发上）我觉得姐姐挺好的，但是她平时把自己一个人关在屋里。

咨询师：哦，姐姐平时一个人在屋里，你说到这里的时候看了姐姐一眼，很期待的眼神，你是不是希望她从屋里出来（弟弟和姐姐对视了一眼）？

闹闹：嗯，她平时很少出来，除了吃饭和上厕所。

咨询师：那你跟姐姐说过"姐姐，我希望你能出来"吗？

闹闹：没有。

咨询师：你看着姐姐跟她说这句话。

闹闹：等我有时间了（笑了笑，不好意思说）。

咨询师还问了妈妈觉得家里出了什么问题或遇到了什么困扰。妈妈有两个困扰，一是认为女儿需要帮助，但是自己的能力不够，无法帮助她；二是姐姐和弟弟之间的冲突，弟弟特别想进姐姐的房间，而姐姐又特别排斥弟弟进她的房间。秀秀补充道，弟弟两三岁就会通过爬窗户进她的房间，然后藏在窗帘后面盯着她。

闹闹：（对秀秀）我想看看你在干什么，我想找你玩。

咨询师：（对闹闹）我刚刚听你说你想去找姐姐玩的时候深深地叹了一口气，是心里有什么事吗？我看你眼

　　　　晴转来转去，嘴巴也闭得很紧，想说又不敢说的
　　　　样子。

闹闹：（坐起来看着姐姐）之前我想跟她玩，她都不怎么
　　　　跟我玩（边说边看姐姐）。

咨询师：我看你想掉眼泪，是不是？

闹闹：嗯（眼圈红了）。

咨询师：没事儿，哭出来，孩子，你可以试着跟姐姐说
　　　　"之前我想跟你玩，你都不怎么跟我玩"，所以你
　　　　心里就怎么样？

闹闹：很不开心。

咨询师：（对秀秀）你听到了吗？弟弟说"我想跟你玩"，
　　　　听到弟弟这么说，你心里有什么感受？

秀秀：（姐姐看向弟弟，弟弟回看姐姐）多少有点愧疚，
　　　　他挺闹腾的，玩起来就会欺负我。

　　咨询师问闹闹，听到姐姐说愧疚，他心里有什么感觉，弟
弟调皮地说"不知道愧疚是什么意思"，咨询师解释说"姐姐觉
得对不起你"，孩子回答说自己大脑一片空白，大家都笑了。

咨询师：（对秀秀）你觉得你们家出了什么问题？

秀秀：弟弟在家总说我管他太多。还有就是我觉得我跟
　　　　妈妈之间的关系没有什么不好的，我跟爸爸的关

系也没有什么大的矛盾。

咨询师：所以，你们这次来想探讨什么问题呢？

秀秀说爸爸是一个比较传统的人，已经安排好了她的人生：上学、找工作、结婚、生孩子。她认为有了弟弟之后，爸爸和自己之间的矛盾就增加了。在有弟弟之前，爸爸挺好的，除了在检查她的作业时容易发脾气。她回忆道，在弟弟一岁左右时，有一次，他们姐弟俩在屋里玩，弟弟不小心磕着了，爸爸一进来没有搞明白怎么回事，就打了她两巴掌，认为弟弟磕着了都怪她。此外，在她写作业的时候，爸爸在旁边一着急，她就更写不出来了，对自己交朋友爸爸也管得很严。

秀秀：我记得上初二的时候，有一次，我同学给我打电话，他接电话听对方是个男生，就把电话挂断了，还说对方听着像40多岁的老男人。

咨询师：好像你和爸爸之间很难沟通。

秀秀：是的，挺难的。我说我长大后不结婚、不生孩子，他说"不行，全人类都像你这样，我们就灭绝了"。去年过年，我记得在姥姥家我也跟他吵了起来。

闹闹：我记得还有一次，是我3岁的时候，爸爸跟姐姐急了，还在地上打滚。

秀秀：他还砸坏了我房间的门，嫌我总是关着门。还有，我上初中的时候，他就在窗户外面盯着我。

咨询师：（看向爸爸）他们姐弟俩你一言我一语的，好像都指向了你。（对妈妈）你怎么看待目前家里的这种状况？

妈妈讲道，在秀秀上初中的时候，爸爸因为她不会做作业很生气，爸爸甚至说他要是死了，女儿是不是就能做出来了。妈妈只能不停地劝爸爸，但是他的执念很深。在秀秀上初中那三年，妈妈上班比较忙，都是爸爸辅导她的学习，但他们俩经常因为学习的事吵起来，吵到无法收拾。然后妈妈就安慰女儿，有时可能需要安慰一两个小时。无论妈妈怎么跟爸爸说，让爸爸不要对孩子这么严格，爸爸就是不听。妈妈也很无奈、很焦虑。这时，闹闹主动提出想要出去玩，咨询师就让他先离开咨询室，自己出去玩了。

咨询师：（对妈妈）我很好奇，一开始我问你们家里遇到什么问题时，你好像没说什么，但是刚刚你好像一直在谈爸爸的问题……

妈妈：我觉得虽然目前我们俩之间的沟通还有点困难，但是没有那么大的阻力。从去年年底，他开始支持我学习，也支持孩子做心理咨询，会主动学习怎样接纳孩子。他以前非常不理解孩子为什么会哭，不理解她有什么可委屈的。

咨询师：你刚刚表达的意思是，以前丈夫和你及孩子之间存在沟通困难的问题，但是现在他开始支持你了，也愿意让孩子去做心理咨询了，从这一点来看他有所改变，是不是？

妈妈：是，包括这次女儿说想来找您，他平时工作特别忙，这次很痛快地就请假过来了，我觉得非常好。所以您一开始问我的时候，我就觉得我们在沟通方面的问题没有那么严重了。

咨询师让妈妈和女儿互换位置，让妈妈坐在了靠近爸爸的一边。

二、爸爸的执念

咨询师：（对爸爸）孩子好像对你有些不满，是吧？但是你爱人好像看到了你的一些变化。

爸爸：之前我的想法确实比较简单，就是总想着让孩子不仅在学业上，还有在以后的发展上，都超过我们。

咨询师：停一下，当你说到"超过"这个词时，我感觉你带着情绪。

爸爸：有点激动，是吧？

咨询师：我怎么理解当你说"都超过我们"时你的眼眶发红，像要掉眼泪？没事，可以哭出来。

爸爸：（流泪，妈妈给爸爸递纸巾）有很多话我都没有跟他们说过（爸爸摘下眼镜，用纸巾擦眼泪）。

咨询师：今天你跟我们说说。

爸爸：（叹了一口气）我是从我们当地比较好的高中毕业的，女儿上初中的时候我也带她去参观过我当年就读的高中。我期待她能考上大学，像我们这一辈一样，就是对她的期望有点高，因此对她的要求也严格一些。

咨询师：你刚刚一直在强调"我们这一辈"，所以我特别好奇你这一辈是什么样子，你能讲一讲吗？

爸爸说道，他和爱人都是大学毕业，他们希望自己的孩子也能考上好的大学，这样才有更多的机会，体验不同的人生。爸爸说他的父母盼望他能考上大学，他印象特别深的一件事是高考之后，其他人都收到录取通知书了，而自己一直没有收到，父母都急哭了。父母的这种"希望通过上学来让一辈比一辈好"的观念，后来也成为他的"执念"，他希望女儿能"超过"他们。爸爸在说到自己的父母时，也抑制不住自己的眼泪，哭了出来。

咨询师：（对妈妈）你以前听他说过这些话吗？看见他掉过
　　　　眼泪吗？

妈妈：今天看见他掉眼泪，一方面我挺心疼他的，另一
　　　方面我觉得也挺幸运的。我一直觉得他太压抑自
　　　己了，但是他始终不承认，所以我特别希望他能
　　　哭出来，发泄一下。孩子的奶奶之前一直跟我们
　　　一起住，去年8月才搬走，在这期间，他可能也
　　　很难，难免会受一些"夹板气"。

咨询师：我怎么理解你说的"夹板气"？

爸爸：就像刚才孩子说我着急那次，当时我们给孩子报
　　　了一个辅导班，我在楼下等着送她去上课，她不
　　　去，我就上楼了，上楼之后发现奶奶也因为这件
　　　事正着急，还跟她吵起来了，我也不能说奶奶，
　　　只能说孩子和孩子妈妈，最后失控了，把孩子房
　　　间的门砸了，还当着家人的面在地上打滚。

咨询师：你看你在孩子、爱人、奶奶面前打滚，这显然是
　　　　一个小孩的行为。

爸爸：对，那一刻我控制不住了，只能发泄出来了。

咨询师：（对妈妈）你刚刚说的"夹板气"，你对此的理解

是什么？

妈妈说，爸爸惹不起奶奶，也惹不起她，更惹不起女儿。但是，她们三个人谁心里有火或者彼此之间有了矛盾，最后都有可能拿爸爸撒气。爸爸就好像"出气筒"，家里所有人都可以对他发火，但是他却不能说什么，只能一个人默默地承受着。

咨询师：（对爸爸）那时你似乎也挺难的。

爸爸：对，原来我也是干着急，经过最近一年多的学习之后有很多改变，最起码不再对孩子发脾气了。

三、"你确实为我上学付出了很多心血"

咨询师：（对秀秀）我看你一直低着头不说话，但当爸爸说"不再对孩子发脾气"时，你一下就警觉地看向爸爸。

爸爸：就是用正常的语气对孩子进行说教。

咨询师：（对秀秀）他是怎么说你的？

秀秀：关于我上学的事他经常发脾气。

咨询师：比如他会怎么发脾气？

秀秀说爸爸发脾气的时候说话声音特别大，似乎整个房间都在震动，自己非常害怕。她记得上初中时，父母都想让她考上好高中，她的压力就很大，压力大的时候她就想哭，但是在学校里哭就会有同学来问她，她就不好意思在学校里哭。于是，她就在家里哭，但是奶奶不让她哭，奶奶还说自己过年得病就是因为她哭造成的。爸爸也不让她哭，记得有一天晚上，想到第二天要去上学她就难受，就哭了起来，爸爸就来捂住她的嘴。

　　秀秀：他说我哭吵着邻居了、多大人了还哭，类似这样的话。

咨询师：爸爸捂你嘴的时候，你害怕吗？

　　秀秀：害怕，我妈妈也害怕。

咨询师：（对爸爸）你进孩子的房间，还把她的嘴捂上了？

　　爸爸：我就是不想让她哭那么大声，不会真的使劲。

咨询师：但她会感到害怕。（对秀秀）所以你当时有点害怕，当感到害怕时，你会干什么，求饶、哭得更厉害还是压抑自己？

　　秀秀说自己哭得更厉害了，心里也更害怕了。她说有一点非常好玩，如果她做了心理咨询或心理测试，结果显示她有心理问题，爸爸就会放松下来，让她不着急去上学，把心情调整好再说。但是等她稍微好一点，爸爸就会立刻给她施压，"你怎么还不回去上学""你又落下很多课，怎么补"。秀秀说自己本来就很着急，爸爸在一旁也着急的话自己就不知道该怎么办了。

尽管如此，秀秀还是承认爸爸确实为了她的学习付出了很多心血。咨询师引导秀秀向爸爸表达"你确实为我上学付出了很多心血"。

> 咨询师：（对爸爸）听到女儿说这句话你有什么感受？我看你刚才又想掉眼泪。
>
> 爸爸：能被孩子理解我挺感动的。

秀秀继续补充道，爸爸让她去学校她就感到害怕。虽然爸爸觉得她一进学校就什么事都没有了，但是自己在学校感受到的压力和恐惧比在家里还多，而且在学校里也不能大声哭，她只能在上课时、在宿舍和厕所里偷偷哭。慢慢地发展为她一不高兴就感到头晕和喘不上气。去年年底，秀秀被诊断患有重度抑郁。但是有多人（老师、同学）都不相信秀秀患有抑郁症，因为她看上去很积极、乐观，很多人觉得她怎么可能会抑郁。

> 咨询师：我相信你会抑郁，而且你看起来并不像别人想的那么好，内心有很多担心、委屈，可是别人看不到。当别人总跟你说"谁抑郁你也不会抑郁"时，你心里有什么感受？
>
> 秀秀：委屈、无奈、孤独。
>
> 咨询师：（对妈妈）当听到孩子说自己感到委屈、无奈、孤独时，你有什么想说的吗？

妈妈：我其实挺想帮她的，原先我以为给她讲一些道理、给她一些正能量就是在帮她。在家上网课那段时间，有一次，我上班前给她留了一张纸条，上面写着"妈妈相信你会好起来的，你一定要快乐地生活"。结果她把那张纸条剪碎了，我才知道我说的那些话可能都没用。从去年6月起，我就辞职在家专门陪她。我觉得陪伴有一定的效果，在这之前她的情绪很低落，有时甚至会有一些极端行为（秀秀一直低着头，妈妈时不时地看秀秀一眼）。

咨询师：什么行为？

妈妈：割伤自己，不过今年没有发生过。

秀秀：从初二开始就有了，其实今年也有。

咨询师：今年你又割伤自己了？你最后一次割伤自己是什么时候？

秀秀：前几天爸爸说我的时候，我们在公园吵了一架。

四、"她始终没说放弃学业"

咨询师：（对爸爸）你怎么看待孩子伤害自己的行为？

爸爸：接受不了。以前她也有自伤行为，我们带她去省医院看过，当时医生说没什么问题，也不用服药，只让做心理咨询。我们也去当地的医院看过，给出的诊断是轻度抑郁。后来，我们又去省里的医院，医生说是重度抑郁，可能需要住院。

咨询师：当医生给她的诊断是重度抑郁且要求她住院的时候，你怎么看？她从没有问题到出现问题，然后到问题慢慢地变得越来越严重，你怎么看待这个变化？

爸爸：可能是我的问题，没有引起足够的重视。但最近这半年多她应该是慢慢地开始变好了。因为来自学校的压力已经非常小了，她可以走读，可以请假，她也始终没说放弃学业，说要考大学。

咨询师：你在这个地方特别强调"她始终没放弃学业"，看来你对孩子上大学还是有很高的期待。

秀秀插话道，虽然爸爸说接受自己不去上学，但是过一两天他又会说"你现在不上学了，将来只能扫大街"。秀秀认为爸爸看上去可以接受她不去上学，但实际上心里还是不能接受。

咨询师看到，爸爸其实还活在自己的执念里，他没有放下对孩子的期待，即使明明知道女儿生病了，还在强调"她始终没有放弃学业"，所以偶尔还会和孩子发生冲突，还会忍不住在言语上刺激孩子。

咨询师：每次你在言语上刺激孩子后，心里是什么感觉？

　　爸爸：我也很难过，我也不想伤害她，会感到很愧疚。

　　秀秀说每次从医院回家后，她都能感觉到爷爷、奶奶、爸爸、妈妈对自己的态度有点小心翼翼的，允许自己不着急去上学，还希望自己开心，这让她觉得很愧疚。但是，如果有医生说她的情况有好转或建议她去上学，回家后家人就要求她回到学校，并不断地在言语上刺激她、给她施加各种压力。

咨询师：（对秀秀）所以，我能不能理解为你有点不敢或不
　　　　愿好起来。

　　秀秀：对，就是对我松的时候很松，紧的时候又突然绷
　　　　得很紧。

咨询师：很极端。

　　秀秀：爸爸说过希望我能体面地生活。

咨询师：这也是你想要的吗？

　　秀秀：是，也不是。我对自己的要求甚至可能比他们对
　　　　我的更高（身体有些抖动）。

咨询师：我看你的身体有些抖动。

　　秀秀：（叹了一口气，把头埋了下去，又挺直背，抬起
　　　　头，摆弄了几下膝盖上的靠枕）我撑的时间太久
　　　　了，我一直在撑着。关于上学我得听爸爸的，但

等我长大后，他肯定会要求我什么时候上班、什么时候结婚、什么时候生孩子，我不想再这样撑下去了。

五、"我希望自己有病，你们才能给我轻松的环境"

咨询师让女儿和爸爸坐在三人沙发上，妈妈坐在单人沙发上。

咨询师：（对秀秀）爸爸坐在你旁边的时候，你有什么感觉？

秀秀：（看向爸爸，爸爸也看向她）害怕。

咨询师：挺害怕的。我看见你不断地掐自己的胳膊，体会一下这种害怕，这种害怕会让你想到什么？

秀秀：每次他发脾气的时候，我都很害怕。现在不管谁发脾气，我都会感到害怕。

咨询师：闭上双眼，体会这种害怕的感觉，体会爸爸很凶的样子，你会想到什么画面？

秀秀想到有一次去上课外辅导班，自己的动作有点慢，爸爸就过来揪着她的头发打她。打完没过两分钟，爸爸又过来向她道歉，自己当时明明还非常害怕，爸爸却一直问"你原谅我了吗"，秀秀不知道该说什么，只能说原谅了。

咨询师：（对妈妈）我看你不发言，你知道你爱人经常打孩
　　　　子吗？

妈妈：不经常打，也可能是我忽略了。但是刚刚女儿说
　　　的那个事，当时我没在现场。

咨询师：（对秀秀）爸爸打你对你造成的伤害，你跟妈妈说
　　　　过吗？

秀秀：应该说过。

自从有了弟弟，秀秀感觉自己被父母忽略了，于是就萌生
了长大以后不结婚、不生孩子的念头。之后爸爸对她发火，她
就更不想结婚了。其实小时候她特别崇拜爸爸，因为爸爸会陪
她玩，陪她打篮球，还会折纸飞机、剪纸，当时她觉得爸爸可
厉害了。那时候，她也喜欢爸爸和妈妈的相处方式，决定以后
长大了也要找一个像爸爸这样的人结婚。但是现在，虽然秀秀
理智上知道爸爸是爱自己的，但她感觉不到爸爸的爱，也不再
爱爸爸了，甚至一家人都是这样，看似相爱却又互相伤害。

咨询师：（对秀秀）现在你把手搭在爸爸的肩膀上，你有什
　　　　么感觉？

秀秀：害怕。

咨询师：还是害怕。我看到你下意识地把手握成拳头，你
　　　　可以用拳头轻轻地打一下爸爸的胳膊。

在咨询师的引导下，秀秀用右拳轻轻地打了一下爸爸的胳膊，然后一点一点地增加力量，到最后用力地打。咨询师鼓励她一边打一边把想说的话说出来。在咨询师的鼓励下，秀秀哭着说出了内心的委屈。每次爸爸发脾气，她都感到很害怕。在学校里，秀秀过得并非父母想象的那么好，但是她不想告诉他们，也不想让他们为自己担心。在学校里，秀秀感到委屈的时候，其实没有人可以诉说。她曾找过老师，也曾去过医务室，但都没有用。跟周围的同学更不能说，他们和自己一样紧张，每个人都很压抑。有一次，睡在她上铺的同学回到宿舍后就开始哭，哭的声音很大，全宿舍的人都在安慰她，睡在下面的秀秀捂着嘴，也委屈得不行，但她一点声音也不敢出。她感觉全世界都抛弃了她，有时候感觉自己就是很差劲，根本就不应该活着。有了弟弟之后，秀秀觉得自己更多余了。秀秀边哭边说，妈妈也在旁边流泪。

咨询师：（对秀秀）哭出来，没关系。

秀秀：（哭得越来越厉害）我不想任何人因为我感到难过，我想让你们骄傲。我想当弟弟的榜样。（爸爸擦眼泪）包括跟我关系好的同学，她们有好多人学习比我好，她们对我也有期望，希望以后我能跟她们上同一所大学，我也希望跟她们一起……（泣不成声，说不出话来了）

咨询师：（对爸爸）抱抱孩子，让她躺你的怀里哭一会儿。
　　　　慢点儿拍她，让孩子哭一会儿，孩子受委屈了
　　　　（爸爸抱着女儿，女儿也抱着爸爸的腰，妈妈在不
　　　　停地擦眼泪）。

　爸爸：爸爸错了，对不起（女儿把头靠在爸爸的肩膀上，
　　　　咨询师鼓励爸爸重复说了几遍"爸爸错了，对
　　　　不起"）。

咨询师：（对秀秀）哭出来，把心里话都说出来。你并不是
　　　　别人看到的那样一直都很开心，不是的，你压抑
　　　　得太久了（秀秀哭出了声，并在咨询师的引导下
　　　　慢慢地缓了过来）。

　秀秀：其实我希望我自己得病，这样的话你们就不会给
　　　　我那么大的压力了。但是我生病了对你们也是一
　　　　种惩罚。我怕自己变成你们的负担，而且我之前
　　　　一直觉得，如果我总是处于那种状态也不好，就
　　　　没有人再支持我了（爸爸、妈妈、秀秀都在擦
　　　　眼泪）。

咨询师：其实你有很多担心，是不是？所以既想好起来，
　　　　又不敢好起来，内心也在挣扎，是不是？（对爸
　　　　爸）你听到孩子今天这番肺腑之言了吗？

　爸爸：这个孩子本质上非常好，非常懂事。来自各方面

的压力和内心的委屈她都自己扛着。

咨询师：（对妈妈）听到爸爸和女儿的对话，我看你也在掉眼泪，你心里有什么感受？

妈　妈：女儿平时不敢跟爸爸这样说话，已经有好长时间了，她今天能说出来我很感动。

咨询师：女儿很长时间没跟爸爸这样说过话了？

妈　妈：对。她一般有事找他爸爸，都是让我跟他爸爸说……

咨询师：嗯，今天他们两个人互相敞开心扉了。（对秀秀）说出来后，你现在有什么感受？

秀　秀：虽然心里还是有点委屈，但是我感觉轻松一些了，谢谢您。

最后，妈妈表示，接下来要给孩子更多的支持，也要对丈夫有更多的理解，也可以和丈夫一起承担他内心压抑的东西。爸爸觉得今天收获很大，一是知道了如何理解孩子；二是不能着急，要慢慢来；三是对孩子的爱要通过行为表现出来，让孩子感受到。秀秀也愿意一点一点地尝试走近爸爸，尝试开启新的生活。

咨询师的建议

1. 秀秀找时间把内心的委屈和爸爸再好好说一说，爸爸不能再动手打孩子了，要用心爱孩子。

2. 秀秀的情绪还不稳定，有些低落，需要进行一段时间的心理咨询。

3. 爸爸有很大的压力，似乎背负着家族传下来的很多东西，这些压力在无意识中传递给了秀秀，爸爸要把秀秀的人生交还给她自己。

4. 妈妈要在家庭中发挥应有的作用，要自信一点，承担起妈妈的角色，给家人必要的支持。

家庭问题解析

家庭的困境

这个家庭的表面问题是女儿不上学，患有重度抑郁，还有自伤行为，但造成这些问题的主要原因是家庭关系出现了问题，特别是父女之间，爸爸受"夹板气"，对女儿有很高的期待，女儿无法承受，妈妈着急但又无法提供支持。家庭成员之间的沟通也存在问题，导致女儿的情绪和压力得不到缓解。同时，家人忽视了女儿早期的心理问题，导致女儿的自伤行为和抑郁症状未得到及时、有效的干预。

爸爸的困境

爸爸是村里的第一个大学生，并觉得女儿应该把这部分家族优良传统继承下去，而没有考虑孩子的需求。对孩子表现出来的心理问题视而不见，还继续给孩子施加压力，造成孩子重度抑郁和出现自伤行为。爸爸的情绪和行为有时无法控制，以及对孩子的高期望，希望女儿能通过学习改变命运，忽视了她的心理需求，导致她的抑郁症状加重。

女儿的困境

由于爸爸多次动手打女儿，造成女儿看到爸爸就害怕。女儿在学校和生活中积累了很多负面情绪，但无处表达和倾诉，始终压抑自己，导致与父母的关系恶化。

家长的应对策略

1. 爸爸的应对策略。（1）调整期望：爸爸应重新评估自己对女儿的期望，了解女儿的能力和兴趣。（2）多沟通：多与女儿进行开放、平等的对话，倾听她的感受和需求，不批评、不指责。（3）情感支持：展现对女儿无条件的爱和支持，鼓励她表达自己内心的想法、感受和困惑，让她感到被理解和关爱。

（4）学习相关心理学知识：了解更多关于青少年心理健康方面的知识，增强自身的心理素养。

2. 妈妈的应对策略。（1）提供情感支持：给予女儿情感上的陪伴和支持，及时关注其心理状态，帮助她找到宣泄情感的出口和方式。（2）协调家庭关系：在家庭中扮演调解者的角色，帮助爸爸和女儿改善关系，促进家庭成员之间的和谐沟通。（3）自我提升：妈妈也可以学习一些心理学知识，提高自身应对孩子心理问题的能力，更好地支持家人。

3. 女儿的应对策略。（1）寻求帮助：主动向家人、朋友或心理咨询师寻求帮助，不要把负面情绪积压在心里。（2）表达感受：学会用适当的方式表达自己的感受和需求，不采用极端的方式宣泄情绪。（3）接受心理咨询或治疗，逐步缓解抑郁症状和厌学情绪。

以下是一些简单的练习，每个练习都附带了明确的目标，帮助家长与孩子进行家庭互动。

练习 1：情感表达

目标：帮助家长和孩子更好地理解彼此的情绪状态，增加情感共鸣，提升家庭成员的情感表达能力，减少误解。

每天晚饭后，父母和孩子分别分享自己在这一天中的情绪和感受。家长主动示范，讲述一天中自己感受到的快乐、压力或疲惫等情绪。孩子分享时，家长只倾听，避免批评或建议，只在最后重复孩子的感受以示理解，如"我听到你今天有些沮丧"。

练习 2：非评判性沟通

目标：减少沟通中的对抗和冲突，培养尊重与理解的沟通方式，帮助孩子表达内心的感受。

在与孩子讨论学习或生活方面的事情时，父母尽量使用"我觉得……"和"我担心……"等句式，表达自己的感受或担忧，而不是直接指出孩子的问题或不足。比如，"我觉得你最近似乎很疲惫，我有些担心你是否需要更多休息时间"。

练习 3：共度放松时光

目标：改善家庭氛围，增强亲子关系，帮助孩子感受家人的支持与温暖，从而减少焦虑。

每周至少安排一次家庭活动，如一起玩游戏、做手工、看电影或进行户外活动。在进行家庭活动时，避免提及任何与学习有关的话题，家长与孩子一同享受放松的时光。

练习 4：肯定与鼓励

目标：增强孩子的自信心和价值感，帮助孩子感受到父母的认可与支持。

家长留意孩子的日常表现，从中找到至少一件事情给予孩子肯定与鼓励。例如，"我看到你今天努力完成了作业，做得很棒"或者"你今天帮助妈妈照顾了弟弟，看到你这么懂事，妈妈很高兴"。

练习 5：家庭问题讨论与解决

目标：培养家庭成员间的合作与责任感，让孩子感觉到自己是家庭中的重要一员，有能力参与问题的解决，从而增强其自我效能感。

每周设定一个固定时间，家庭成员一起开一个简短的家庭会议。每个家庭成员轮流讲一个当前困扰自己的问题，大家一起讨论解决方法。

家长的思考

结合本案例，请父母根据自己的实际情况进行如下思考。

1. 你是否意识到自己的高期待和管教给孩子带来的影响？你是否尊重孩子的意愿，允许他拥有自主选择的空间？

2. 在你成长的过程中是否背负着家族的期望？这些期望是否被转移到了孩子身上？

3. 当孩子表达自己的想法和诉求时，你是否给他足够的安全感，让他畅所欲言？当你感到焦虑或愤怒时，是否能控制自己，不因此打骂孩子？

4. 当孩子感觉压力很大和感到害怕时，你是否能倾听他诉说并理解他，表达对他的关心和支持？例如，当他表现出对上学的抗拒时，你是否能先理解他，而不是单纯地关注他又落下多少功课。

5. 父母能否在教育和关心孩子方面建立一致的支持系统，为孩子提供一个温暖、安全的家庭氛围？

第六章

与父母无话可说的阳阳

案例介绍

　　一家三口参加本次心理咨询。阳阳（化名），男，14岁，整天不出家门，没有朋友，与父母也不交流，情绪不稳定，特别是在家上网课期间，和妈妈经常发生冲突。爸爸觉得是他们以前对阳阳管得太多、要求太多，并且意识到之前的教育方式有问题，对孩子感到愧疚。阳阳在不知情的情况下被父母带到了咨询室，自始至终都很抗拒。

　　从左至右：咨询师（坐在单人沙发上），妈妈、阳阳（二人坐在三人沙发上），爸爸（坐在单人沙发上）。

咨询过程

一、觉得自己是被骗来的，不知道说什么

咨询师：（对阳阳）你坐在这里感觉紧张吗？

　　阳阳：嗯。

咨询师：我看你坐得挺踏实的，双脚平稳地放在地上，小
　　　　孩紧张都会坐不住、来回搓手。我发现你挺安静
　　　　的，看不出来你感到紧张。

　　阳阳：紧张。

咨询师：你能说说这种紧张吗？

　　阳阳：不知道说什么。

阳阳告诉咨询师，他不知道要来做心理咨询，自己是被爸
爸、妈妈骗来的。

咨询师：（对阳阳）说到为什么来这里，你说话的声音都提
　　　　高了，我能不能理解为你什么都不知道吗？

　　阳阳：我来到这里才知道。

咨询师：哦，是不是心里感觉不开心？

　　阳阳：没有。

阳阳觉得自己是被骗来的，所以内心很抗拒。妈妈告诉咨

询师，她说的话孩子不喜欢听，很难和孩子沟通，不知道怎么和孩子相处，尤其在家上网课期间，她和孩子经常发生冲突。阳阳不喜欢妈妈窥探他的日常生活，不喜欢听她的建议或她讲太多话，一旦妈妈说多了，阳阳就会关上房间的门。

咨询师：（对阳阳）听到妈妈说这些话，你心里有什么
　　　　感觉？

阳阳：不舒服。

咨询师：不舒服，那你跟妈妈说。（对妈妈）你听到了吗？
　　　　孩子说他不舒服。

妈妈：听到了（用手擦眼泪）。

咨询师：这种不舒服是委屈、生气、内疚还是难过？

阳阳：都有。

咨询师：妈妈说她推门进你的房间，你就把门关上，她的
　　　　行为让你感觉不舒服，是吗？你能具体说说吗？

阳阳：我不会说。

咨询师：妈妈觉得你们之间的沟通出现了问题，你觉得这
　　　　对你来说是个问题吗？

阳阳：不是。

咨询师：你觉得没有问题，你告诉她"妈妈，咱们之间的
　　　　沟通没有问题"。

阳阳：（对妈妈）妈妈，咱们之间的沟通没有问题。

妈妈：那太好了。

咨询师：（对阳阳）当妈妈去你房间时，你就关上门，心里
觉得很烦，就和她发生了冲突，然后你心里又很
难过，因为你不想和妈妈发生冲突，是不是？

阳阳：嗯。

咨询师：你告诉她"妈妈，我不想和你发生冲突"。

阳阳：（对妈妈）妈妈，我不想和你发生冲突。

妈妈：那太好了，好孩子。

咨询师：嗯，不想和妈妈发生冲突，但有时候控制不住，
对吗？

阳阳：嗯。

咨询师：你跟妈妈说（咨询师加重了语气）"我不想和你发
生冲突，但有时候我控制不住"。

阳阳：我不想和你发生冲突。

妈妈：我理解。

咨询师一边帮助阳阳讲出内心的想法或感受，一边引导他
向妈妈表达。虽然表面上阳阳很配合咨询师，却不愿说太多，
还希望能停止录像。

咨询师：（对阳阳）好像爸爸、妈妈想帮助你，但他们不知

道该怎么做。

阳阳：我自己会和他们说。

咨询师：那你告诉爸爸、妈妈。

阳阳：我自己会和他们说。

咨询师：噢，感觉你有点生气了，如果要是别人瞒着我让我过来我也会生气，心里也会很烦。如果我把录像关了，你能向爸爸、妈妈表达吗？

阳阳：不能。

咨询师：也不能，看起来你心里很愤怒、很抵触，是不是？好像爸爸、妈妈伤害了你，你心里好像很委屈，是不是？（阳阳开始流泪，妈妈给阳阳递纸巾）

咨询师一连串的共情说到了阳阳的心里，他的情绪涌现了出来，流下了眼泪。

咨询师：（对阳阳）你心里觉得委屈、难过这种状况持续多久了？

阳阳：一直都是这样。

咨询师：一直都是这样，那你一定生活得很辛苦，你一直把这些压在心里，没人理解你，我想你一定很孤独。没事，哭出来。你从什么时候觉得自己一直都是这样的？从小学开始还是上初中以后？

阳阳：小学五年级。

内心的委屈被咨询师看到后，阳阳流下了眼泪，也开始有了一些回应。

二、当表达对孩子"管得太多"时，爸爸攥起了拳头

咨询师：（对爸爸）听到我和孩子的对话后，你心里有什么感受？

爸爸：我也很着急，可能是我们对孩子的管教方式不对。

爸爸认为孩子很坚强，在家里很少哭，妈妈觉得孩子不善于表达。咨询师的反馈是父母都在给孩子贴标签，因此孩子就不敢哭，不敢表达。

咨询师：（对爸爸、妈妈）我不觉得他不善于表达，我也不觉得他不善于倾诉。刚刚他说自己从上五年级时就这样了，你们对孩子当时的状况有什么记忆吗？

妈妈：想不起来了，他回来没告诉过我们。

咨询师：（对妈妈）想不起来了。（对爸爸）你呢？

爸爸：我认为就是他放学回到家后的一对一课外辅导，还有就是可能在别的事情上我们管得太多了。

咨询师：嗯。

　　爸爸：我们不能管得太多，但是不管又不行（爸爸在
　　　　　说到"管得太多"的时候，不由自主地攥起了
　　　　　拳头）。

咨询师：当你说到"管得太多"的时候，我看到你攥起了
　　　　　拳头，我怎么理解你说的"管得太多"？

　　爸爸：在学习方面我辅导不了他，都是他妈妈辅导他。

咨询师：所以，你刚刚表达"管得太多"，是对谁"管得
　　　　　太多"？

　　爸爸：对孩子和妻子。

咨询师：为什么你会攥起拳头呢？

　　爸爸：我也着急。

　　爸爸意识到自己对孩子管得太多，阳阳觉得爸爸意识到了
自己的问题，心里很高兴，他一直期待父母能少管自己一些。

咨询师：（对阳阳）你看着爸爸，然后跟他说"爸爸，以后
　　　　　你少管我一些"。

　　爸爸：你看着爸爸。

咨询师：（对爸爸）停！你不要说话。（对阳阳）没事，放
　　　　　松，不用害怕，看着爸爸并告诉他"爸爸，你以
　　　　　后少管我一些"。

阳阳：爸爸，你以后少管我一些。

爸爸：嗯，好的。

咨询师：非常好，孩子。爸爸觉得是他管得太多了，所以导致你从五年级开始就压抑自己。你觉得是什么让你开始感觉心里很压抑？

阳阳：我只是跟他们不怎么说话，跟同学还是能正常沟通。

咨询师：非常好。你告诉妈妈"我和你无法沟通，但我和同学能正常沟通"。

阳阳：我和你无法沟通，但我和同学能正常沟通。

妈妈：那太好了。

咨询师：你跟爸爸也说"我与其他人沟通没有问题，别担心"。

阳阳：我与其他人沟通没有问题，别担心。

爸爸：嗯。

在咨询师的引导下，阳阳越来越自然地向父母表达自己内心的想法。阳阳接着告诉咨询师，自己小时候跟妈妈在一起的时间比较多，爸爸、妈妈对他管教比较多，父母打他的时候，他就不和他们说话了。

咨询师：（对阳阳）他们经常打你吗？

阳阳：基本上爸爸每次回来都打我。

咨询师：你看着爸爸，对他说"你每次回来都打我"。

阳阳：（对爸爸）你基本上每次回来都打我。

咨询师：再说一遍。

阳阳：你基本上每次回来都打我（双手握在一起，双肩向内收紧）。

咨询师：心里是不是很委屈？

阳阳：没有。

咨询师：没事，可以哭出来，我看你眼圈都红了。

妈妈说每次爸爸打阳阳的动静都很大，自己都吓得心惊肉跳，虽然心疼孩子，但也没有办法。阳阳听到妈妈讲心疼自己，也止不住掉眼泪。妈妈觉得爸爸太固执、太着急了，对他感到很愤怒，但自己也很无力，爸爸还威胁妈妈"下次你再管，我连你一起打"。

三、"虽然你道歉了，但我很难接受你"

咨询师：（对爸爸）你也看到了，刚刚孩子掉眼泪了，说你每次回来都打他。针对打孩子，你爱人也和你沟通过，我想听听现在你心里是怎么想的？

爸爸：这么说吧，我着急，我也有问题，我们在沟通方面也有问题。

咨询师：嗯，你的问题在哪儿？

爸爸：我动手打他了。

咨询师：你打他的时候有什么感觉？

爸爸：当时实在忍不住就打了他。

咨询师：打完他之后呢？

爸爸：打完之后我也心疼。

咨询师：你看着孩子并告诉他"爸爸当时控制不住了，打完你后爸爸也心疼"。

爸爸：以……以后不打了。

咨询师：不是说这句话，而是"爸爸打完你后也很心疼，爸爸错了"。

爸爸：爸爸……爸爸打完你后也很心疼，爸爸错了……

咨询师：不说别的，就说这两句。

妈妈：（对阳阳）你先看着爸爸。

咨询师：（对爸爸）你说"爸爸打完你后也很心疼"。

爸爸：爸爸打完你后也很心疼。

阳阳说爸爸以前没有给自己道过歉，也没有承诺过以后不再打他。

咨询师：（对爸爸）我觉得我们俩坐的位置都有点高，咱俩席地而坐怎么样？

爸爸：行。

咨询师：你以这个角度再看儿子，你现在有什么感觉？

爸爸：我肯定比他矮半头。

咨询师：这个视角给你的感觉怎么样？

爸爸：感觉孩子长大了，有主见了。

咨询师：孩子长大了，你对他说"孩子，你长大了"。

爸爸：孩子，你长大了。

咨询师："你有主见了"。

爸爸：你有主见了。

阳阳听到爸爸说这些又开始掉眼泪。咨询师继续引导爸爸表达对孩子的感受。

爸爸：愧疚，在孩子小的时候还感觉不出来，随着他慢慢长大就感觉很愧疚。有句话叫"不养儿不知父母恩"，现在我感觉家庭最重要（用纸巾擦眼泪）。

咨询师：嗯，家庭最重要。（对阳阳）你见过爸爸哭成这样吗？（阳阳点头）今天爸爸掉眼泪和以前有什么区别吗？

阳阳：以前是我爷爷骂他。

咨询师：爸爸经常被爷爷骂？

阳阳：我就见过一次。

咨询师：哦，你见过爷爷骂爸爸的时候爸爸掉眼泪了？

阳阳：嗯。

虽然爸爸流下了愧疚的眼泪，但是阳阳依然很难接受他，无法原谅他，在咨询过程中沉默了很久。

咨询师：（对阳阳）我能不能这样理解，虽然爸爸向你道歉了，但你很难接受他（阳阳点头）。你告诉他"虽然你道歉了，但我现在接受不了你"。

阳阳：虽然你道歉了，但我很难接受你。

爸爸对孩子还不接受自己表示不着急，觉得可以慢慢来。

四、爸爸对孩子、对家庭的愧疚

咨询师：（对爸爸）一开始你说你经常不在家，是吗？

爸爸：对。

爸爸之前因为工作原因可能半年甚至一年才回家一次，常年和妻子、孩子聚少离多。但现在好多了，自己想什么时候回家就可以什么时候回家，一个月至少可以在家里待几天。

咨询师：你以前半年甚至一年才回家一次，是什么让你回家以后总对孩子发脾气？

爸爸：我觉得就是他上五年级以后才这样。

妈妈：不是。

妈妈补充道，在阳阳上三四年级的时候，每次爸爸走后他都会高兴地拍手说"太好了、太好了"。因为爸爸走之前总是会把孩子打一顿，可能他自己都忘记了。妈妈说完后，爸爸也想起来了，觉得"打完孩子之后，自己无法面对孩子，接着就'逃走'了"。

咨询师：（对爸爸）你为什么打孩子呢？

爸爸：主要是我们有代沟，在沟通上……

咨询师：你是不是也渴望亲近孩子？

爸爸：对、对、对。

咨询师：但孩子好像离你很远。

爸爸：对。

咨询师：你心里就着急，总想让他听你的。

爸爸：对。

在咨询师的引导下，爸爸觉察到自己渴望走近阳阳，但是因为在家里的时间太短，陪伴阳阳的时间少，阳阳并不愿意和自己亲近，再加上自己有时候对阳阳"管得太多"，导致阳阳看到他内心就很抗拒。爸爸不知道该怎么办，心里很着急，所以每次回家后一发生矛盾就会控制不住打阳阳。

咨询师：（对爸爸）你刚刚还谈到了对家庭的愧疚。

爸爸：对妻子、孩子都感到愧疚。

咨询师：为什么对妻子感到愧疚？

爸爸：这些年我回家的次数很少，对这个家庭尽的责任
很少。

咨询师从爸爸的语气中感觉到他心里似乎有一种委屈的情
绪。爸爸承认以前自己不被家人理解时的确感觉心里很委屈，
但现在没有这种感觉了。

爸爸：外面再怎么好，还是家庭最重要。

妈妈：以前经常出去把家都忘了吧？

爸爸：忘家也会回家，感觉反正不是太……

咨询师：不是太怎样？

爸爸：不是太舒服。

咨询师：嗯，你经常不回家，一回家就感觉不舒服。你渴
望中的家是什么样子的？

爸爸：很温馨。

咨询师：比如？

爸爸：比如说孩子也理解我的辛苦，妻子少一点唠叨。

咨询师：意思就是你半年没回家了，然后一回家大家都对
你多一些理解，理解你这半年在外面漂泊的不

容易。

爸爸：对。

咨询师：工作很辛苦，是吧？

爸爸：嗯。

咨询师：希望孩子也能够亲近你，是吧？

爸爸：嗯。

妈妈觉得，每当爸爸在外面遇到不顺心的事时，回家后就会带着消极情绪，然后就指责她教育孩子的方式不对。

五、"希望你经常回来，我们这个家才像个家"

咨询师：（对爸爸）当你回家后总是说，妈妈怎么把孩子教育成这样的时候，实际上是因为孩子跟你不够亲近，你现在理解了吧？

爸爸：是的，不够亲近。主要是我心里也着急。

咨询师呈现目前家庭的关系结构，让阳阳和妈妈坐在三人沙发上，而且两个人离得很近，爸爸一个人坐在单人沙发上。

咨询师：（对爸爸）你坐在这里看着他们，你看他们中间有空间吗？你能挤进去吗？

爸爸：挤不进去。

咨询师：对。

爸爸：他们俩挪动一点，我就能坐进去了。

咨询师：好像没人给你挪。

爸爸：（对阳阳）你挪一下可以吗？

阳阳很不情愿地坐到沙发的另一边，爸爸坐在母子俩中间。

咨询师：（对阳阳）爸爸坐在你边上，现在你有什么感觉？

阳阳：没什么感觉。

阳阳的上半身刚才还是直着的，当爸爸一坐下来，他的身体立刻前倾，微微蜷缩起来，双手环抱着放在腿上，但是他却说"没什么感觉"。妈妈在爸爸坐下来后，身体也不自觉地向沙发的边上靠，身体有些僵硬，双手不自然地放在左腿上。在咨询师的引导下，妈妈意识到自己虽然对爸爸的发脾气和乱指责不满，却盼望着他能经常回家。

妈妈：盼望他回来，我一个人带孩子很累。

咨询师：你跟他说过"我一个人带孩子很累"吗？

妈妈：经常说。

咨询师：他怎么回复你的？

妈妈：没什么反应。

咨询师：没什么反应，你今天再跟他说一说。此时此刻你再对他说这句话，他就在你身边。

妈妈：（对爸爸）经常回来，家里需要你。

咨询师：你慢一点说，看着他的眼睛，就像刚刚你让儿子
　　　　看着爸爸的眼睛那样。

妈妈：（看着爸爸）希望你经常回来，我们这个家才像个
　　　家。有时候晚饭之后，我看着人家两口子领着孩
　　　子出去玩，我就很羡慕（一边说一边哭）。

当妈妈和爸爸对视并表达"希望你经常回来，我们这个家
才像个家"时，阳阳在旁边看上去感觉很不舒服，身体更靠近
沙发另一端了。

六、"我没有什么想说的"

咨询师：（对阳阳）你听过爸爸和妈妈这样说话吗？（阳阳
　　　　摇头）没有是吧？他们俩这样说话你习惯吗？

阳阳：不习惯。

咨询师：你希望他们俩不要这样说话，还是希望他们俩经
　　　　常这样说话？

阳阳：最好不要这样说话。

咨询师：嗯？

阳阳：最好不要这样说话。

咨询师：这让你感觉心里不舒服，是吗？

阳阳：很肉麻。

咨询师：你理想中的爸爸是什么样子的？

阳阳：没想过。

咨询师：如果现在让你想一想理想中的爸爸……假如爸爸不坐在这里，他还坐在刚才那个单人沙发上，你看着那个沙发，对，这个沙发上坐着一个理想中的爸爸，那个理想中的爸爸是什么样子的？

阳阳：想象不出来。

咨询师：想象不出来，你看着爸爸说"爸爸，我都不知道理想中的你是什么样子的"。

阳阳：我都不知道理想中的你是什么样子的。

爸爸：哦。

阳阳想不出来理想中的爸爸是什么样子的，理想中的妈妈是少一些唠叨，理想中父母的关系是正常说话就可以了。

咨询师：（对阳阳）你怎么看待爸爸今天哭得泪流满面？你心里感动吗？（阳阳摇头）不感动。今天你也掉眼泪了，你心疼自己吗？（阳阳摇头）也不心疼。如果现在让你对自己说一句话，你想对自己说什么？你理想中的自己是什么样子的？（阳阳沉默）你对自己也没有什么期望，是吗？（阳阳沉默）

阳阳依然处于很不敏感的状态，即使父母哭得泪流满面，他也没有什么感觉，对这次咨询也很抵触，很少说话，或者干脆什么也不说。妈妈觉得孩子还是有变化的，至少今天掉眼泪了，妈妈也理解孩子内心有很多委屈。爸爸觉得自己还要加强学习，表示以后不再打孩子了。

咨询师：（对阳阳）在这次咨询的最后，你想对爸爸或妈妈说什么？

阳阳：我就不说了吧。

咨询师：你跟他们说"我没有什么想说的"。

阳阳：我没有什么想说的。

咨询师：看着他们说"我对你们没有什么想说的"。

阳阳：我对你们没有什么想说的。

爸爸：嗯。

咨询师：好，今天咨询就到这里。

阳阳握着拳头离开了咨询室，内心依然有很强烈的阻抗或愤怒。阳阳离开咨询室后，咨询师让阳阳的父母留了下来，与他们又进行了简短的交流。

咨询师总结道：第一，孩子是被骗来的，所以内心有很大的阻抗，他没有感受到父母对他的尊重；第二，孩子内心有很严重的创伤，因为以前爸爸每次回家都打孩子，所以孩子内心没有力量，更多的是委屈、愤怒，以及对父母的抵触，就算现在父母对他再好，孩子也不习惯。

咨询师的建议

1. 爸爸从现在开始尊重孩子，对妻子要温柔一些。

2. 父母带孩子去医院的精神科做一个专业的诊断。如果孩子仅仅是抗拒父母，那么通过缓和亲子关系，他可能会慢慢地好起来；如果孩子内心有创伤，可能就需要进行心理咨询，甚至服用药物。至于孩子的学习，可能需要等等再说。

家庭问题解析

在本案例中，父母在孩子不知情的情况下把他带到咨询室，孩子感受到不被尊重，因此内心有很大的阻抗。

家庭的困境

通过此次咨询我们可以看出，爸爸自身的努力和辛苦不被看到，通过打孩子发泄情绪，导致妈妈和孩子都对爸爸感到不满。妈妈也害怕和爸爸亲近，所以妈妈无法从爸爸那里获得情感支持，于是妈妈与孩子过度融合。在孩子进入青春期后，这种关系就会被孩子感知为"自己被强烈地控制或操纵"，孩子一听到妈妈的唠叨就会烦躁、不想听、想关上房间的门。

孩子的困境

从孩子的视角看，他面对的是一个长期在外且每次回家都会打自己的爸爸，和一个无法在夫妻关系中获得情感滋养、对丈夫有很多抱怨且又害怕的妈妈。孩子在与爸爸的接触中体验到的只有委屈、害怕或恐惧，而在与妈妈的接触中感受到的只有焦虑及其对自己的控制。父母的相互指责也导致孩子感到厌恶和无力。时间久了，孩子的内心就压抑了很多委屈、愤怒等情绪或感受，不想再和父母说话了，因为说什么都没有用。

家长的应对策略

1. 父母需要通过学习或夫妻咨询清晰地认识到他们之间的沟通模式，恢复夫妻之间已经中断的情感联结，改善夫妻关系，重新营造和谐的家庭氛围。

2. 理解孩子的痛苦，接纳孩子目前的状态，给予孩子充分的允许和尊重。如果孩子愿意，就带他去医院的精神科做专业的诊断，或者遵医嘱进行治疗和干预。如果孩子不愿意，继续以改善亲子关系为主。

3. 当孩子真切地感受到父母的改变，即父母不再以他熟悉的、让他恐惧或烦躁的方式对待他，而是给予他充分的理解、尊重、抱持的时候，孩子紧绷的情绪和对抗状态就会逐渐软化。

当环境越来越安全、有爱、温暖，孩子的身心才能松弛下来，进而接受咨询或治疗。

4. 对于类似本案例中的父母与孩子沟通的困境，家长可以参考如下做法。（1）父母自身情绪要稳定，尽可能地放下各种想教育孩子或给孩子建议的努力，不窥探孩子每天在做什么，将注意力放在自己身上，放下快速让孩子变好的期待，不要总是盯着孩子，让孩子放松一些。（2）回顾孩子的成长经历，尝试感受孩子经历的创伤，回看孩子是如何一步一步地陷入现在的困境的，以至于丧失了对父母的基本信任。父母体会得越深，越有可能真的看见孩子，理解孩子。（3）当父母真的发自内心地理解孩子时，就能接纳孩子的现状，不再期待孩子快速变好，而是给孩子一个稳定、安全、不被打扰的空间，尊重他并能感受到他的痛苦，从而能真正共情到孩子。（4）当孩子感受到了被尊重、被接纳、被允许后，才有可能重新燃起想靠近、信任、依赖父母的冲动，才有可能逐渐恢复与父母的正常交流。（5）当孩子发现和父母沟通没有障碍了，就有可能将之前的委屈、愤怒等各种情绪表达出来。在这个阶段，父母一定要稳稳地接住，不要解释，也不要回避，要勇敢地面对，当孩子压抑的情绪都释放差不多了，就会稳定下来，开始依赖和信任父母，或者接受咨询。

家长的思考

结合本案例，请父母根据自己的实际情况进行如下思考。

1. 当夫妻双方因为一些原因需长时间分离时，你们的互动方式是怎样的？是否能相互理解对方？

2. 当你习惯性地通过打、骂、唠叨、要求、命令等方式对待孩子时，这种养育方式是否也是你小时候经历过的？你是否只知道这种教养方式并固执地认为"我也是这么被打大的"，并且不理解"现在的孩子怎么这么脆弱"？

3. 当孩子不愿和你说话时，你一说话他就感到烦躁、关上房间的门，你有没有想过孩子在成长过程中可能遭受过创伤？

第七章

遭遇校园霸凌的壮壮

案例介绍

　　一家三口参加本次心理咨询。壮壮（化名），男，17岁，读高一，半年多没去学校。壮壮对父母充满了怨气，认为父母根本不了解自己，拒绝与父母沟通，心情不好时就回自己的房间并关上门。壮壮自述，从小到大自己经常被同学欺负，每当他回家向父母求助时，都得不到父母的理解和支持，换来的却是父母的一句"人家为什么不欺负别人，总欺负你"。渐渐地，壮壮对父母失去了信任，不愿意和他们沟通，也不想去学校。

　　从左至右：咨询师（坐在单人沙发上），爸爸、壮壮（二人坐在三人沙发上），妈妈（坐在单人沙发上）。

咨询过程

一、父母面对孩子时小心翼翼，无法交流

咨询师：你们家出现了什么问题？

妈妈：孩子好像有心结没打开。

妈妈认为自己不理解孩子，孩子有心结没有打开，边说边掉眼泪。咨询师鼓励妈妈向孩子表达"妈妈很渴望懂你"。壮壮觉得妈妈是在咨询师的引导下才说这句话的，但是看到妈妈边说边哭的样子，自己也有点难过。

咨询师：（对爸爸）我看你坐在这里不停地叹气，你有什么感受？

爸爸：我们家现在这种情况挺难的。

咨询师：嗯，挺不容易的。

爸爸现在每天在家小心翼翼的，害怕自己说错话。如果说得不对，孩子就会回到自己的房间并关上门，爸爸觉得自己很失败。

二、每次孩子遭遇霸凌时，父母都不提供支持

咨询师：（对壮壮）你认为你们家现在最大的问题是什么？

壮壮：我可以说一下我从小到大的成长经历吗？

咨询师：当然可以。

壮壮：我现在读高一，但是很久没去学校了。

父母对壮壮的教育一直是"不管怎么样，不能和别人动手"。因为父母的管教很严格，壮壮惧怕父母，胆子很小，遵守规矩，即使在学校里有人欺负自己，他也不敢还手，更不敢和别人发生冲突。久而久之，在学校里总有人欺负他，有一次，他忍不住了，回家告诉了父母。父母的回应却是"人家为什么不欺负别人？班上那么多同学，为什么别人就盯着你、就欺负你"。

咨询师：当父母这么说的时候，你心里是什么感受？

壮壮：我觉得挺难过的。

咨询师：我感觉你在说的时候都有点难过，是不是？

壮壮：对，我现在……（孩子的情绪涌了上来，声音开始哽咽，妈妈给他递了一张纸巾）

咨询师：没事，可以哭出来。

壮壮刚上小学的时候就被人欺负，他把自己被欺负的事情告诉爸爸、妈妈后，不但没有得到他们的理解和支持，还遭到他们的责问。后来，又发生了几起类似的事件，先开始他回家还会跟父母说，但是妈妈每次都反问他"人家为什么不欺负别人，就欺负你"。

> 壮壮：（提高音量，情绪比较激动）我在那里坐着好好的，
> 有人过来碰我、推我，我不敢还手，因为我父母教
> 育我不能打人，我回去后告诉他们，他们还是那种
> 反应。然后，我就不喜欢上学了。

壮壮继续说，他知道"被欺负"这种事在每个人身上都有可能发生，但是他回家把这件事告诉父母后，他们都不理解和支持自己，总认为是他的问题。有一次，妈妈让壮壮拿着她的卡去超市买东西，他按照妈妈的要求把东西买回来了，妈妈却说他乱买垃圾食品，于是他和妈妈发生了争吵。过了两周，妈妈又让他去买东西，还叮嘱他这次不能乱买垃圾食品了。壮壮就觉得父母好像不信任自己了，没有人相信他说的话。从此以后，他就把自己关在屋里，大半年没出门。

> 咨询师：大半年没出门。
>
> 壮壮：就在我那个小屋里。
>
> 咨询师：就在小屋里。
>
> 壮壮：他们白天去上班，早上把早饭和午饭做好，包括
> 上厕所，我都在自己屋里。不敢出去。很长时间
> 了，有六七个月吧，我才把这件事慢慢放下了。
>
> 咨询师：你是怎么慢慢放下的？

壮壮：有点淡了。

咨询师：有点儿淡化了，是不是？

壮壮：嗯，有一天我走出房间，我说我想重新开始。

壮壮又回到了学校，但没过多久他说自己又遇到一件倒霉事，被陌生人无缘无故地推了一下，对方还挺凶。壮壮虽然很烦，但当时好像自己已经习惯了，他不敢还嘴或还手。回家后壮壮和父母说了这件事，爸爸说了句"自认倒霉吧"，妈妈的回应还是那句话。

咨询师：那句话是什么呀？

壮壮："怎么全年级几百个学生，人家就盯着你、就欺负你"，从小到大，我妈妈就会说这么几句话。后来学校放假了，我就想下次开学我还敢去学校吗？我不想去学校了。可是，我现在都 17 岁了……

咨询师：听起来你心里有一些不满和愤怒，也对自己有一些期待和无奈。

壮壮：是的。我也想回到学校，和我年龄相仿的人都在上学，我不知道该怎么办，很无奈。我也不知道我能做什么，然后在假期的时候，我就去买了点老鼠药。

新学期开学前一天，壮壮吃了七八粒老鼠药，还好没事。

上周，壮壮和朋友在外面吃饭，又被别人骂了两句。壮壮当时愣了几秒，然后骂了回去。他当时想，通过与秦老师（壮壮当时的心理咨询师）交流，父母这次应该会支持他，最起码会站在他这边。结果爸爸的回应依然是让壮壮遇到这种事要离得远一点，不要掺和。

> 咨询师：你听了爸爸的话后……
>
> 　壮壮：我挺委屈的。
>
> 咨询师：挺委屈的。
>
> 　壮壮：我还挺生气的，我觉得他们还是没有改变，他们之前说的那些话都是假的。然后我就回我的房间了，他们说什么我也不想回应了。
>
> 咨询师：看起来你好像又一次失望了，是不是？
>
> 　壮壮：是，他们说什么我也不想搭理他们了。
>
> 咨询师：不想搭理他们了，不想跟他们交流了，是不是？
>
> ……
>
> 咨询师：你讲完以后，我的心里感觉沉甸甸的。我在想，一个小孩每次在学校受到了欺负，感到无助、害怕、恐惧，想还手又不敢，回到家后渴望得到爸爸、妈妈的理解和支持，但他们非但不理解、不支持，并且每次都是同样的反应，结果这个小孩

越来越失望……你在家里待了半年后，终于鼓起勇气想开始新的生活、新的旅程时，好像那个魔咒又来了，又开始影响你的生活，你回到家跟爸爸、妈妈说，他们的反应还是那样。

三、无法对孩子表达出"心疼"的爸爸

咨询师：（对爸爸）我最想问问爸爸，当孩子谈到自己吃老鼠药时，你听到他没事，你心里是什么感受？我看你自始至终也没有看孩子，一直低着头。我特别好奇，你怎么看待孩子吃老鼠药这件事？

爸爸：我觉得无法理解。

爸爸很难讲出自己内心的感受，他只说感觉自己"很失败"。

咨询师：针对孩子吃老鼠药这件事，你心里除了感到失败，还有什么感受？

爸爸：想不通，想不到他会吃老鼠药。

咨询师：哦，你想不到孩子会这样做，是吧？

爸爸：想不到，孩子竟然会选择吃药，我想不明白他怎么就走投无路了。

咨询师：你觉得孩子走投无路了？

爸爸：对。

咨询师：你心疼他吗？

爸爸：他吃了两次药，他不是一个胆大的小孩。

咨询师：吃了两次老鼠药，他不是一个胆大的小孩，你想告诉我什么？

爸爸：他走到这一步实在是……

咨询师：所以你心疼他？

爸爸：非常心疼。

咨询师：非常心疼，但是我看你自始至终都不敢看孩子。

爸爸：我非常不理解。我曾想我们到底做错了什么？他总是说我们现在缺乏沟通，说自己不幸福，听他说这些，我们的心也为之一沉。

咨询师一直想让爸爸理解孩子的无助、痛苦，表达他作为一个爸爸对孩子的心疼，但是很艰难，爸爸一直停留在认知、思考层面，无法与自己的感受产生联结，也无法体会孩子的感受。

四、"爸爸心疼你，但是我要撑起这个家"

咨询师：（对爸爸）你看着孩子，你有多久没看他了？你想想他吃老鼠药的那个瞬间，你心里是怎么想的？你看孩子在掉眼泪……

爸爸：感觉非常失败。

咨询师尝试促进爸爸和孩子之间有一些情感交流，但是爸爸依然在表达自己很失败。

咨询师：你告诉我，你心疼孩子吗？

爸爸：心疼。

咨询师：那你告诉他。

爸爸：（对壮壮）心疼你。经历这两次事件以后，我没法表达这种心疼。

咨询师：（对爸爸）你说"爸爸很心疼你"。

爸爸：我是没法……

咨询师：你可以说出来。

爸爸：你第一次吃完药以后……

咨询师：说出来，表达你的心疼。

爸爸：第一次吃完药以后……

咨询师：说"我很心疼你"。

妈妈：（有些着急）就说这一句话就行。

爸爸：我千方百计地想做些什么，其实我一直在努力，一直……一直在努力。

咨询师：你在说自己，你希望孩子看到你的努力。"心疼"这两个字很难说出口，是吗？

爸爸：我心疼，很心疼，非常心疼。但是我是家里的男人、顶梁柱……要支撑起这个家。

咨询师：你很不容易，你是家里的顶梁柱。

爸爸：要支撑起这个家。

咨询师：爸爸要支撑起这个家，爸爸很不容易。所以你想告诉孩子什么，你是家里的顶梁柱，你要支撑起这个家，你已经都做了很多，是吗？你希望他能理解你？

爸爸：非常失败。

咨询师：假如说这把小椅子是一个孩子（咨询师用一把小椅子代表一个孩子），他坐在这里，但他不是你的孩子。他向另一把椅子上坐着的爸爸（假设另一把空椅子上坐着这个孩子的爸爸）说"爸爸，我吃老鼠药了"。但爸爸对他说"我是家里的男人，我是顶梁柱，我已经很努力了"。你告诉我，你怎么看待这个爸爸？

咨询师的目的在于让爸爸以旁观者的角度看待这次对话。虽然爸爸没有直接回答咨询师的问题，但是开始表达自己能理解孩子在房间里半年不出门，他肯定很痛苦。爸爸说，孩子一直闷在屋里，他根本没有心思上班，那段时间他觉得自己非常失败，也不想活了。但是，他还得维持这个家，就咬牙坚持。不过现在状况好点儿了，至少他能和孩子沟通了。

咨询师：所以我理解，你也很无力。

爸爸：他在家待了一段时间后又继续去上学了，但没想到他在学校又被人欺负了，他跟我们讲自己又被欺负了，我认为就是和同学之间吵了一下或推了一下，就没当回事。

咨询师：现在你觉得呢？

爸爸：现在想一想，可能这就是导致他不再去学校的原因。

咨询师：你想没想过，他告诉你这件事背后的用意是什么？他渴望父亲能够站在自己这一边，理解他、支持他、保护他！

五、"受到欺负的时候就勇敢地反击"

咨询师：（对壮壮）我看你想说话？

壮壮：我记得当时我说有人欺负我，我爸爸就说"你离这些人远一点"。听到他说这句话我就不想说什么了，就回房间了。

咨询师：这样呀，你告诉我在你心中渴望爸爸怎样回应你？

壮壮："再有下次，你动手就行"，十几年了，我就想听你说这一句话。

咨询师：十几年了，我就想听你说这一句话。

壮壮：每次我受到欺负，你都会说"你是不是先惹人家了，人家凭什么欺负你呀，怎么倒霉事都让你摊上了"。

咨询师：你看着爸爸把刚才的话再说一遍。

咨询师促成孩子与爸爸交流并说出想说的话，壮壮情绪很激动，一边哭一边说，音量也提高了。

壮壮：我就活该倒霉、被人欺负。你们只教我守规矩，最后我成了一个什么事都不敢干的人、一个懦夫。

咨询师：你渴望从爸爸那里得到什么？

妈妈：被支持、被理解。孩子，我们一定会支持你，你想怎么做就怎么做。

壮壮：这些话我在秦老师（壮壮当时的心理咨询师）办公室里听过一遍了，回家后你们还是一点都没改变。

咨询师：嗯，不着急。

爸爸：我是想支持他，但是如果我跟他说"你和别人动手吧", 这也不是我内心真实的想法。

咨询师: (对爸爸) 我理解的是, 其实你愿意支持孩子, 只是……

爸爸: 不放心。

咨询师: 你觉得怎样回答孩子才是跟他站在一起、和他一起面对当下的状况?

爸爸: 受到欺负的时候就勇敢地反击。

六、家里的每个人都很无助

咨询师: (对妈妈) 今天你对孩子有哪些新的认识或新的发现?

妈妈: 没想到孩子心里承受了这么多, 以前我们只是知道, 今天是理解和体会到了。以后他跟我们说什么事情都尽量从他的角度去体会, 理解和支持他。

咨询师: "我要支持他, 我要理解他, 我要做一些改变", 这是你对孩子想说的。你对爱人想说什么吗?

妈妈: 他觉得他也非常爱孩子, 但实际上他经常说一些原则性的话, 条条框框和要求很多, 希望他以后感性一些, 多理解孩子。

咨询师: 你有没有听到你丈夫刚刚说的一句话 "我有一段时间都不想活了"?

妈妈：他不应该有这种想法。

咨询师：作为妻子，听到丈夫这样说的时候，你心里有什么感受？

妈妈：难过。但我也不明白为什么我们这个家成了现在这个样子。

咨询师：爸爸说"我有一阵子开车都不知道自己开到哪了"。

妈妈：都一样，我也是。

咨询师：你也是，好像每个人都很委屈，都很无助。

妈妈：我都不知道怎样跟他们交流、沟通。

咨询师：我发现你们有一个共同点，就是每个人在谈到对方的时候，先想到的是自己的无助，你们发现了吗？孩子跟爸爸说心里话，爸爸说"我已经很努力了，我甚至都不想活了"；我让你谈一下你丈夫说的那句话，你说他不应该这样想，你也很无助。你们看到其中的共同点了吗？就是每个人都很无助。

爸爸：我们都很努力地去修复，就是找不到一个合适的方法。

咨询师总结了从这次咨询中发现的现象或问题。

1. 孩子在成长过程中有创伤，还曾两次自杀，把自己关在房间里半年多，虽然后来自己主动走出来了，但是创伤还在。所以，当孩子向父母说出自己的想法或向父母求助时，父母不要第一时间否定孩子，要站在孩子这一边，让他感到自己是有依靠的、被支持的。这样，在父母的支持下，孩子的创伤才能慢慢地被疗愈，慢慢地建立起自信。

2. 当心里感到难过时，家人之间可以相互倾诉，不要压抑，直面自己内心的无力感。当一个人表达自己的难处时，其他人要给予理解和支持，而不是否定或回避。然后，整个家庭就会逐渐形成一种相互理解和支持的氛围，每个人都会在这种氛围里得到滋养。

3. 孩子半年都没去学校了，回到学校还能跟上学习进度，并且学得很好，所以大家要有信心，不能轻易放弃。

最后，在咨询师的引导下，爸爸和孩子抱在一起，孩子感受到了爸爸的支持，爸爸也知道了孩子内心真实的需求。

咨询师的建议

1. 父母带孩子去当地医院的精神科做一个全面的检查，孩子的状态有点敏感、抑郁，可能是心理创伤造成的，并遵医嘱服用药物或做心理咨询。

2. 家长要不断地提高自己的共情能力，这可能需要进行一些训练，也需要家长成长和学习，这样才能更好地支持自己和孩子。

家庭问题解析

家庭的困境

这个家庭的表面问题是父母与孩子沟通时小心翼翼，甚至无法沟通，孩子处于休学状态，父母不知道如何帮助孩子。通过咨询，我们可以看到这个家庭的核心问题是孩子在每次受到欺负并回家向父母求助时，父母不但不理解和支持孩子，反而一遍又一遍地指责孩子，这让孩子觉得别人欺负他是因为他不够好，并且感受不到父母的爱。爸爸的教育理念是"不管怎么样，不能和别人动手"，导致孩子被他人欺负时不敢反抗，形成了"隐忍"的应对模式。最终孩子对父母失望，不想理他们，将自己关在房间里半年多，不想去上学，还曾两次吃老鼠药。

孩子的困境

孩子从小接受的教育是"不管怎么样，不能和别人动手"。每次遇到有人欺负自己时，妈妈说的那些话——"人家为什么不欺负别人？班上那么多同学，为什么就盯着你、就欺负你"——不断地强化孩子的如下信念"我是没有力量的，我是不能反抗的，我是不能还手的，我不够好，我是懦弱的""父母是不信任我的，我是不被爱的"。所以，即使孩子体型高大，在被他人欺负时，也是无力的、软弱的，或者即使有力量，也是压抑的或转向内在的。

父母对孩子的影响

在本案例中，咨询师花了很多时间促进爸爸的觉察，从理性的解释、自我辩护，到共情孩子的感受，表达对孩子的心疼。爸爸的教育理念是"不管怎么样，不能和别人动手"，看起来是想保护孩子，实际上却限制了孩子的内在力量。而妈妈的指责直接导致孩子形成消极的认知"我是有问题的，所以他们才会欺负我"。如果父母能认识到他们的教育理念不是在保护孩子，而是在限制孩子，并能从情绪和感受层面体会孩子内心的压抑与无力感，对孩子提供有勇气、有力量的支持，告诉他"受到欺负的时候就勇敢地反击"，就能对孩子产生积极的影响，帮助孩子恢复内心的力量和自信。其实孩子想要的就是来自父母的一个允许，这个"允许"是有力量的、安全的，即使在面对不确定的情况时，这个允许也是确定的。孩子本身是有力量的，否则他也不可能在房间里半年多不出门，只是他接受了父母很多限制性的观念，不敢对外使用自己的力量。

家长的应对策略

1. 建议家长带孩子去医院的精神科做专业的心理评估，根据评估结果看是否需要服用药物。但是孩子需要做长程的心理咨询，压抑的情绪、成长过程中的创伤、从父母那里接受的认知或观念、习得性的无助应对模式，都需要通过心理咨询进行干预。

2. 父母的固化认知极有可能是他们成长中的创伤造成的，因此父母也需要做个体咨询或夫妻咨询，以帮助他们有力量地面对生活中的各种困境，并且在孩子需要的时候给予支持。

3. 父母要学习如何与孩子对话，这样才能真正理解和共情到孩子，改善夫妻间的沟通模式和家庭氛围，让每个人在家里都可以真实地表达自己，也可以相互支持。

4. 如果孩子遭遇霸凌或被欺负，父母可以按照如下步骤帮助孩子。（1）先向孩子了解发生了什么事情，让孩子完整地叙述事情的经过及自己在事件中的感受和想法，不要有任何的评价和指责。例如，当孩子回家和家长说，有同学欺负我了。家长可以问："具体发生了什么事情，你先和我说说？""他是怎么欺负你的？"尽可能地让孩子把事情讲述完整，可以多提一些关于细节的问题。（2）孩子可能一边说一边有情绪，家长一定要允许孩子表达情绪，不要把孩子的情绪堵回去，或者通过指责、教育的方式，让孩子憋回去，孩子想哭就让他哭，想发泄就让他发泄，不要评判对错。例如，家长可以说："我知道你很委屈，想哭，没事，你可以哭出来。"家长能在情绪层面支持孩子，对孩子特别重要。切记，孩子的情绪释放过程要充分。（3）随着孩子的倾诉及情绪的充分表达，其情绪会慢慢地稳定下来，这时家长再和孩子商讨应对的办法。例如，是需要父母出面解决，还是联系老师处理，或者孩子自己去面对等。如果需要老师协助，该如何与老师沟通，谁来沟通。如果不需要父母或老师的协助，孩子觉得自己能面对，就让孩子自己讲讲他如何面对。总之，这个过程是父母和孩子一起讨论出具体的办法，不是父母单方面给孩子建议，更要看重或考虑孩子的想法。父母的核心功能是给孩子力量、信心，以及最终的托底，这也是培养孩子独立面对挫折的机会。（4）当事情得到妥善解决后，家长再找机会和孩子复盘这件事，了解孩子从中学习到了什么，以后再面对类似的状况，孩子是否有应对的力量或方法。

面对校园霸凌的最有效的攻略就是，孩子内在要有安全感、力量感、自信心，而这些都来自父母内在的稳定及对孩子积极的认可与支持。

家长的思考

结合本案例，请父母根据自己的实际情况进行如下思考。

1. 家庭或家庭成员遇到困难时，你的第一反应是勇敢地面对，还是消极回避？当孩子遇到困难向你求助时，你是习惯性地指责孩子，还是积极地理解和支持孩子？

2. 当孩子（或伴侣）陷入情绪化（抑郁、易激惹等）状态时，你是习惯性地否定、指责、评判或教育对方，还是能先稳定自己，尝试了解对方经历了什么、现在处于什么情绪状态，并能共情对方，给予对方所需要的理解和支持？

3. 当你发现孩子不愿意去学校，并且还伴随情绪不稳定、失眠或作息颠倒、回避社交等状况时，你是会陷入过度焦虑，千方百计地送他回学校，还是能稳定自己，先接纳孩子的现状，理解他的痛苦，再向专业人员求助，帮助孩子慢慢好起来？

第八章

觉得活着没有意义的小希

案例介绍

　　一家四口参加本次心理咨询。爸爸是货车司机，常年不在家，妈妈在家照顾两个孩子；姐姐小倩（化名），读大三；妹妹小希（化名），读初二，多次尝试放弃生命，先是吞药，之后有三四次跳楼的经历但均被救下，两三周前还尝试跳楼。在妈妈看来，姐妹俩都出现了问题：姐姐小倩是只要别人的意见与她不合，她就容易情绪激动；妹妹小希去年冬天从之前的"会照顾所有人的情绪"开始变得情绪暴躁。

　　从左至右：咨询师（坐在单人沙发上），妈妈、爸爸、姐姐小倩（三人坐在三人沙发上），妹妹小希（坐在单人沙发上）。

咨询过程

一、妈妈的心都拴在两个孩子身上

咨询师：（对妈妈）我看你深深地叹了一口气，说一说家里
　　　　出现了什么状况？

　　妈妈：从去年开始两个孩子的情绪前后都出现了一些问
　　　　题，刚开始是妹妹，后来我觉得姐姐也有点问题。

咨询师：能说具体一点吗？

　　妈妈：从去年冬天开始，妹妹的情绪变得非常暴躁，原
　　　　先她是一个很懂事的小孩，会照顾所有人的情绪，
　　　　但突然像变了一个人似的。

咨询师：你一说她很懂事、会照顾别人的情绪，我的心里
　　　　就砰的一下，感觉这个孩子的内心应该很压抑。
　　　　去年冬天之后她的情绪就爆发了？

　　妈妈：对。

咨询师：具体表现是什么？

　　妈妈说，在学校老师管得比较严格，每天有很多作业要做，妹妹小希是个慢性子，自己在家也经常催她，来自学校和妈妈的双重压力导致小希已经一个月没去学校了。小希觉得妈妈现在管得太多，自己不去上学，妈妈就不去上班，在家里和自己

耗着，妈妈恨不得把小希拴在自己身上。

咨询师：（对妹妹）你有一种压力或被她拴在身上的感觉，
　　　　是吗？

小希：她让我早上起来运动或出去走走，我就把自己关
　　　在屋里不出去，我就发脾气。

咨询师：我能不能理解为，你把自己关在房间里、不出门、
　　　　发脾气，这些都是对妈妈的反抗，不想被她拴在
　　　　身上，是吗？

小希：是。

咨询师：我理解了，你现在最大的困扰就是妈妈对你的限
　　　　制和要求。你内心渴望的是什么？

小希：自由。

咨询师：（对爸爸）听了她们俩说的话，你有什么想法？

爸爸说自己常年在外面，孩子的事自己不太了解，妈妈管
得比较多，今天自己过来是支持一下母女三人，缓解一下妻子
的压力。妈妈听到爸爸这句话，忍不住笑了。然后妈妈补充道，
爸爸只负责赚钱，家里事都是她一个人忙前忙后，孩子出现问
题后，她也和爸爸商量过，但是爸爸认为不应该出现这种状况，
也在逃避。

咨询师：（对妈妈）你刚刚谈到孩子爸爸的时候，我感觉你

有情绪？

妈妈：对，有情绪。

咨询师：什么情绪？

妈妈：我们俩之间的关系现在还好一点。两个孩子都知道我们俩经常吵架。自从姐妹俩相继出现问题后，我们俩之间的关系稍微好点了，至少能沟通了，原来根本无法沟通。

咨询师：她们俩出现问题了，你们俩之间的关系却好了。

妈妈：毕竟是一家人，我觉得姐妹俩的问题是我们两个人造成的。

咨询师：你们两个人造成的？

妈妈：反正孩子小的时候我们两个人经常吵架，没想到两个孩子都出现问题了。

咨询师：（对姐姐）你说两句吧，刚才听到爸爸讲话你笑了，你妈妈说你们姐妹俩出现问题了，他们俩关系倒好了，你也笑了。所以我想听听，你觉得你们家现在遇到的问题是什么？

姐姐小倩觉得妈妈把她们成长过程中的一些小事放大了，总是预想结果会很糟糕，不管她们姐妹俩做什么事，稍有不好的苗头妈妈就会干涉，她本来有自己的判断和打算，是妈妈干涉得太多，其实自己并没有什么问题。

妈妈补充道，自从去年小倩开始减肥之后，她的身体的抵抗力就不太好，有一次生病住了 9 天院，回到学校后就开始谈恋爱。她和爸爸都觉得女儿才 21 岁，还太小，大学尚未毕业，不适合谈恋爱。针对这件事，当父母表达不同意见时，小倩就会暴怒、摔东西。

咨询师：（对妈妈）在你干涉之前姐姐的情绪怎么样？

妈妈：情绪很好，我感觉这俩孩子都非常自信、阳光。

咨询师：你开始干涉之后她的脾气就不好了？

妈妈：对，自从去年她谈恋爱之后，体重长了至少三四十斤，原本非常漂亮的一个小孩，一年时间身体就变成这样了，跟同学之间的关系处理得也不好。

妹妹也不看好姐姐的这个男朋友，原因是他初中毕业后就不上学了，虽然现在有工作，但工资不高，她担心姐姐以后受苦。

咨询师：（对姐姐）我忽然感觉到，如果我是你的话，我也会感觉很有压力。因为在这个家里好像没有一个人支持我，心里感觉挺无奈的，好像自己被干涉得太多了。你听了他们的话以后心里有什么感觉？

小倩：没有什么感觉，不管他们怎么说，在这件事上我有自己的意见和想法。

咨询师：你有自己的意见和想法，会不会向他们表达出来？

小倩：会，我相信自己的判断力。

妈妈：她太固执、太任性，做事情不考虑后果，从小就特别有主意，这次我感觉她要栽在这件事上。

咨询师：（对妈妈）你可能也是出于好心，但说的话确实有点让人无法接受，感觉像赤裸裸的诅咒。

妈妈：我真的很担心她。

咨询师：当你说"她要栽在这件事上"时，你的潜意识里就是对她的各种担心，你丈夫开货车时你也担心吗？

妈妈：没有感觉，我的心都拴在两个孩子身上了。

咨询师：你刚刚用了一个"拴"字，之前也用"管"字，你觉得对孩子又"拴"又"管"的，现在有没有达到你期待的效果？

妈妈：没有。

咨询师：没有，却停不下来。

妈妈：现在我也试着慢慢地了解她们的想法，改变自己。

咨询师：在孩子多大的时候你开始意识到自己把孩子"拴"

在自己身上了？

妈妈说是从去年开始的，姐姐小倩觉得也是从近两年开始的。妹妹小希认为就是姐姐和妈妈为谈恋爱的事情发生争吵开始的，她还补充道，姐姐自从上高中后就没有什么朋友，大学期间和同学相处得也不好，有时候还需要自己和妈妈帮她想办法。

二、妈妈和每一个人吵架，这个家就像散了一样

咨询师让妹妹小希讲一讲自己。小希说自己在上小学一二年级时很内向，上五六年级时数学成绩不好，每天写作业到半夜。到六年级下学期，她就不想写作业了，为了不写数学作业，她会拿刀划伤自己的胳膊。在读初一期间，妈妈带她去看过心理医生，小希先后被诊断为中度抑郁和重度抑郁，医生还给她开了药。妈妈不太重视，觉得妹妹没什么问题，开的药也只吃了几片。寒假的一天晚上，小希把剩下将近30片药全部吃光了，妈妈知道后很担心，就带她去医院洗胃，但第二天让她照常去上学。

小希回忆，从上初一开始，自己就在学校里待不住，经常以头疼为由离开学校。到了初二，她就不去学校了，天天在家里和妈妈吵架，有时候吵着吵着就想跳楼。现在妈妈也接受小

希不去学校这件事了，顺从她的意愿。

> 咨询师：（对妈妈）我发现家里的每一个人都和妈妈发生过
> 　　　　争吵（咨询师让妈妈和妹妹交换位置，妈妈坐在
> 　　　　了单人沙发上）。

> 妈妈：我为这个家付出挺多的。两个孩子都是我一手带
> 　　　大的，我就想让她们变得优秀一点。我和丈夫之
> 　　　间不管发生什么，都不能对孩子造成影响，我都
> 　　　能承受。以前爸爸有做得不好的方面，我肯定会
> 　　　跟他发生冲突或吵架。

> 咨询师：发生冲突的时候你会采取什么措施或行为？

> 妈妈：就是吵架，他也不示弱，他比我还凶。

> 咨询师：（对姐妹俩）你们对此还有印象吗？

> 小希：有。

> 咨询师：（对姐姐）你说说有什么印象？我看你刚刚笑了。

> 小倩：（笑）以前我总感觉我爸爸不太讲道理，后来我发
> 　　　现其实是我妈妈有点太跋扈了，我爸爸也挺委屈
> 　　　的。他们两个人吵架，双方都有责任。以前我就
> 　　　太片面了，说我爸爸"你看我妈妈这么辛苦，你
> 　　　还欺负她"，现在我觉得不是这样的。

> 咨询师：我怎么理解你说的爸爸委屈、妈妈跋扈？

小倩：两个人相处的话，管好自己就行了，管别人那么
　　　多干什么。我妈妈有一个不好的习惯，与别人沟
　　　通时上来就指责对方。

咨询师：哦，在不了解事情原委的情况下就简单粗暴地指
　　　　责别人。

小倩：我妈妈觉得整个家就是她的天下。

妈妈觉得自己为这个家付出太多，很委屈，渴望爸爸替她
分担一些。而爸爸觉得自己常年在外开大货车也很辛苦，风餐
露宿，还有危险，也渴望得到家人的理解和关心。妈妈认为家
里的事需要两个人一起沟通、筹划或商量，但是自己和爸爸说
的时候，爸爸都不往心里去。

咨询师：（对爸爸、妈妈）好像你们两个人都渴望得到对方
　　　　的理解、支持，或者希望对方帮自己承担一些。
　　　　哪怕不承担，多一些理解和关心也好，是不是？
　　　　这个部分妈妈没有被满足，爸爸也没有被满足，
　　　　于是就产生了冲突。然后两个人可能就会因为一
　　　　件小事，激发出内心的怒气、委屈、愤怒。

爸爸觉得跟妈妈说自己多辛苦也没用，妈妈也帮不上忙，
所以就不表达，渐渐地夫妻之间的沟通就越来越少了。妹妹小
希的看法是，妈妈觉得爸爸能挣钱就行，因为家里要还房贷、

信用卡。妈妈也说过，如果她不管姐姐谈恋爱，姐姐也会很好，她不管妹妹，妹妹也会很好。现在虽然家里事妈妈都管着，但是这个家就像散了一样。

三、"好像都是我造成的，我不在你们就都好了"

> 咨询师：（对妹妹）你之前吞下了将近 30 片药，并且有过几次极端的行为（跳楼），当时你是完全控制不住自己，是吗？
>
> 小希：是，而且当时我就觉得"我活着有什么意义"，我妈妈非逼我去上学，我又不想去。
>
> 咨询师：即使这样了，妈妈还是不停地唠叨，是不是？
>
> 小希：是。我房门的锁坏了，我就用胶带封上，不让她进来。
>
> 咨询师：（对爸爸）刚刚你听到女儿说"我活着有什么意义"，我看你有点情绪。
>
> 爸爸：不是有情绪，我也没办法阻止她失控。
>
> 咨询师：你想帮他，但是不知道怎么帮。
>
> 爸爸：对，我实在没有办法。
>
> 咨询师：（对妹妹）你最近一次做出极端行为是什么时候？

小希说是两三周前，自己想跳楼，但是妈妈用胶带把窗户封上了。对她来说，妈妈现在做什么都无所谓了，如果妈妈还像之前那样，她说自己就不想和妈妈一起生活了。小希还补充了一句，现在她对家人已经没有什么感情了。爸爸听到这句话后忍不住掉下了眼泪。

咨询师：（对妹妹）你转过头看着爸爸，心里有什么感受？

小希：多少有一点难受。

咨询师：你跟他说"爸爸，看着你哭，我心里其实挺难受的"。

小希：说不出来。

咨询师：试一试，你看着他（妹妹看向爸爸），（对爸爸）你看着妹妹，你有什么心里话要跟她说吗？

爸爸：我帮不了她。

小希：我不想让他帮我。我就觉得是不是所有的事情都是我造成的，我根本不希望他们这样，我又没有让你们做什么。

咨询师：（对妈妈）是不是很心疼孩子？看到孩子和爸爸掉眼泪，你心里有什么感受？

妈妈：爸爸好像是第一次掉眼泪，我自己倒经常哭，遇到这种事情我也很无助。

咨询师：孩子说"你们现在这个样子，我觉得好像是我造成的"。

妈妈：对，孩子心里应该是这种感觉，就是现在这种状况是她造成的。

小希：所有人都怨我，都围着我转，我只要一怎么样，然后我妈妈就告诉我爸爸，好像你们这样都是我造成的，我就不应该在这个家里，我不在你们就都好了。

妈妈补充道，只要看到小希出现任何情况，自己都会干涉，但她发现自己的干涉总是起到相反的作用。姐姐说，她也跟妈妈说过，妹妹出现一些小问题很正常，她现在正处于青春期，不要过多地关注她，但是妈妈不听，只要妹妹稍微有点不对劲，妈妈就会大动干戈。小倩说有人爱学习，有人不爱学习，所以也理解妹妹不想学习，她觉得有爱学习的学生，那就有不爱学习的学生。

四、妈妈总想着给孩子们最好的

咨询师：（对妹妹）你听到姐姐说什么了吗？有人爱学习，有人不爱学习，是不是？

小希：我现在觉得学习无所谓。

咨询师：那什么对你来说最重要？

小希：我现在觉得没有什么是重要的。

咨询师：但是刚刚你回头看爸爸的时候，还是没忍住，眼泪一下就掉下来了。

小希：我也是第一次看我爸爸哭，但是……

咨询师：第一次看爸爸哭，是吗？

小希：是，但是内心的感受不是心疼。我就觉得你们为什么为了我这样，我又没逼你们，我不知道自己做错了什么。如果这样让你们都不好受的话，那我希望自己难受就可以了，你们就都不用那么难受了。

咨询师：我能不能理解为，其实你内心希望他们不要为了你……

小希：我宁愿跟他们没有任何关系。

咨询师：不想让他们为你付出这么多。（对妈妈）你听到了吗？刚刚你好像一直在说自己付出了很多，从姐妹俩很小的时候，你就说自己付出了很多，好像你的付出给她们带来的是……

妈妈：带来了压力。

咨询师：对，然后你们之间就争执不断。

妈妈：我现在觉得如果我之前没有干涉这么多的话，她们也许比现在要好。

咨询师：你把这些话说给她们听，你先跟大女儿说"如果我不干涉你的话，你可能比现在要好"。

妈妈说她说不出这句话，她认为是因为孩子小的时候没有一定的家法，导致她们现在没有规矩。妈妈现在能接受小希不去上学，只要她每天高高兴兴的就行，却接受不了姐姐谈恋爱。

咨询师：（对妈妈）我很难想象一个孩子吞了近 30 片药后，第二天还要去上学，那时你是不是还不想放弃？

妈妈：还是有些不甘心。

咨询师：我刚刚想从不同的角度尝试理解你。我在想，这是一个什么样的妈妈，在孩子吞下近 30 片药的第二天还让她继续去上学？你能讲讲你的成长经历吗？

妈妈说自己小时候家境不好，她的父母经常吵架，让她很没有安全感，所以她就想着给自己的孩子最好的。听到妈妈这么说的时候，咨询师注意到姐姐小倩又是深吸气又是吞咽，就让小倩说说自己的感受。小倩觉得妈妈认为最好的对她们来说并不是，妈妈过于把自己的想法强加在她和妹妹身上。关于谈恋爱这件事，她觉得谁适合自己只有她知道。

妈妈依然坚持姐姐谈的这个对象放在谁家都接受不了。妹妹不上学这件事一开始妈妈也接受不了，她觉得只要是家长都不能接受。但是现在她发现，小希已经有过多次极端行为，才不得不接受她不上学这件事。她终于意识到，最重要的还是孩子，其他的什么都不重要。

五、"妈妈用对家庭的付出来绑架我们"

> 妈妈：我小时候也挺要强的。我从小就有一种感觉，我
> 　　　抱着一块大石头，即使我搬不动它，但我也要抱
> 　　　着它，就是竭尽全力地抱着它，我好像一直都有
> 　　　这种想法。
>
> 咨询师：给你这个（咨询师递给妈妈一个靠枕），你闭上双
> 　　　眼抱抱它，你体会一下这种感觉，你说"我现在
> 　　　抱不动你了，但我还得抱着你"。

在咨询师的引导下，妈妈体会"石头"的感受，妈妈觉得
"石头"会很委屈并不断地向她说"你放了我吧"。但是，妈妈
觉得自己很纠结。

> 咨询师：（对妈妈）你说"我放不下你"。
>
> 妈妈：对，我放不下你。
>
> 咨询师：重复这句话。
>
> 妈妈：我放不下你（爸爸一直在掉眼泪）。
>
> 咨询师：求求你放了我吧，你的限制太多了，让我太压抑
> 　　　了，你抱不动我了，你放了我吧。什么事都得按
> 　　　照你的想法和要求做，从小到大不按你的要求做

你就不高兴。告诉我，听到这些话你心里现在是什么感觉？

妈妈：还是放下吧。

咨询师：心里有什么感觉？

妈妈：没觉得很轻松。

咨询师：你刚刚说"还是放下吧"，你把这个靠枕放下，体会一下抱着它和放下它时你的身体感觉有什么不同？

妈妈：没那么紧张了。

咨询师：（对妹妹）刚刚听到我和妈妈的这番对话，我看到你坐在这里身体一直斜着，好像不太愿意看我们。

小希：因为你说的那些话每次我跟我妈妈吵架时我都会说。

咨询师：这是你的原话？

小希：对，我说过无数次，我说了之后我妈妈在我屋里坐一会儿就走了，之后她就觉得自己挺委屈的。其实我感觉我妈妈心里可能还是有些担心。

咨询师：我明白了，看来以前有很多次你都这样对妈妈表达过，是不是？

小希：是。

咨询师：甚至当你做出一些极端行为时，你也这样跟妈妈说过，是吗？

妈妈：是，就是每次争吵我也都哭着跟她说这些，说过
好多次。

咨询师告诉妈妈，这是孩子在用自己的生命让她觉醒，并
对她的状态进行了总结。第一，妈妈有很深的执念，这个执念
已经融入她的个性，即需要别人按照她的要求去做。第二，在
这个家里，妈妈认为自己付出的最多。第三，妈妈觉得自己做
什么都是为了两个孩子好。第四，妈妈觉得家人都不理解自己，
她付出了这么多，她既辛苦又委屈。第五，如果家人有一件事
没有按照她说的要求去做，这件事就是错的。

六、改善家庭氛围

咨询师：（对妈妈）所以姐姐刚刚说，你经常用什么绑架
她们？

小倩：用她对家庭的付出来绑架我们。

咨询师：对，这是一种绑架、一种控制，所以这是你的
执念。

妈妈：我应该怎么做？

咨询师：不着急，当你心里全是那些执念时，其他人跟你
交流是不是也特别少？

爸爸：对，她说这件事怎么做就得怎么做，我说了也没

用，我也没办法。

咨询师：（对爸爸）所以，接下来你要更多地看到她的……

爸爸：就是我们必须按照她的意思去做。

咨询师：你理解的就是完全按照她的要求去做，是吗？

爸爸：是。

咨询师：我觉得你应该提出自己的想法，要表达自己的真实情感。

爸爸：我没有说过，就是她说怎么做就怎么做。

咨询师：对，所以你们在情感上的交流不够，很多时候你可能为了避免……

爸爸：冲突、争吵，她说什么我就做什么，只要她不跟我吵架就行。

咨询师：我想表达的是你要在情感上、情绪上给她更多关注和关心。

妈妈开始反思，很多事情都是自己一意孤行。以前她会和丈夫商量，但是丈夫不会给她任何意见，就说"你愿意怎么做就怎么做"，所以后来无论遇到什么事情，她都是自己拿主意。妈妈还想到了自己的母亲也是这样的人，一意孤行，个性有些偏执。

咨询师：（对妈妈）你现在的状态极有可能是受原生家庭

的影响。（对爸爸）今天看到你掉眼泪其实我很开心，我说的是真的。因为我感觉到了更真实的你，你把自己这么多年压抑的、面对女儿时那种无助的状态都真实地呈现了出来。你更真实、有情感、有血有肉了，而不是为了避免冲突什么也不说。（对妈妈）接下来更重要的是妈妈与他人的沟通方式，怎么才能从大脑的思考转向情感上的交流。我发现在跟你交流的过程中好像情感的东西特别少。

妈妈：很僵硬，是吧？

咨询师：嗯，就像你抱着那块大石头一样，很难松弛、软化、撼动。我们说一个家庭出现了问题，不只是某个人出现了问题，是这个家"病"了，现在大家要同心协力。

咨询师的建议

1. 每个人都有自己的想法，每个人都有自己的边界，有什么事情一家人要一起商量。

2. 爸爸要多和家人沟通，改善家庭氛围，让家庭氛围变得温暖一些。

3. 妈妈以后要少干涉孩子，学习如何与家人之间有情感地沟通。

家庭问题解析

家庭的困境

这个家庭的表面问题是两个女儿的情绪都出现了问题，大女儿谈恋爱被干涉会暴怒，小女儿有重度抑郁且几次尝试自杀。

在咨询过程中，这个家庭真正的问题慢慢地浮现：受原生家庭的影响，妈妈一直活在自己的执念里——"要给孩子最好的"、恨不得把女儿"拴在自己的身上"。于是对两个女儿进行控制、干涉，希望其他人都按照自己的意愿去做，导致爸爸无法参与家庭和孩子的任何事情。爸爸觉得自己一个人常年在外，风餐露宿很辛苦，得不到妻子的关心和理解。而妈妈觉得家里和家外都是自己在承担，得不到丈夫的支持，也很委屈。夫妻双方都渴望对方理解、支持自己，但都不向对方直接、真实地表达出来。爸爸回避家庭事务，妈妈把自己的心全放在孩子身上，最后孩子受不了，甚至多次用跳楼的方式提醒妈妈自己受不了了。

孩子的困境

大女儿有主见，自己的事情敢于自己拿主意，即使妈妈干涉，大女儿也敢于反抗，就心理健康方面而言，大女儿是没有问题的，她的暴怒是在守护自己的边界。

小女儿性格内向，"照顾所有人的感受""一直很懂事"，这样的孩子无法表达自己的真实意愿和感受，为了照顾别人（常常是妈妈）的情绪压抑自己，长时间的压抑和情绪得不到释放导致她对学习、生活失去了兴趣。妈妈不理解孩子，在孩子有心理问题后，不但没有重视，反而更加控制孩子，即便孩子前一天因吞服很多药去医院洗胃，第二天也让孩子照常去上学，指责孩子不懂事，像变了一个人一样。在这种情况下，孩子常常觉得自己是不重要的、不被爱的、不值得存在于世的，所以多次想放弃生命。

父母对孩子的影响

在本案例中，夫妻二人经常争吵，对孩子可能会造成以下影响。（1）安全感缺失：父母经常争吵，孩子会担心家庭解体，"不知道哪一天家就散了"的担心会经常出现。（2）价值感缺失：当父母吵架时，孩子的第一反应通常是怀疑自己，认为自己不够好，无法让父母开心。（3）影响孩子的性格：父母是孩子的第一任老师，父母如何解决争端、如何处理情绪，孩子就会学到相应的方式，即使这种方式让孩子感觉不舒服或孩子不愿意这样做，但也会采用类似的方式，因为他们不知道还有其他方法。

家长的应对策略

1. 建立和谐稳定的家庭关系。家庭关系的核心先是夫妻关系，而后才是亲子关系。当夫妻关系出现问题时，就会影响孩子的身心发展。同样，当孩子出现问题时，夫妻之间的问题就会暴露出来。因此，作为父母，要彼此关心、互相支持。父母之间的关系相当于家庭的顶梁柱，家庭安定了，孩子才能走得远，发展得更好。

2. 打造良好的亲子关系，而不是与孩子过度融合。家庭教育的前提是良好的亲子关系，任何问题的解决都不能跨越关系。当孩子出现问题时，作为父母，首先要反思自己与孩子的关系出现了什么问题，孩子需要父母做些什么。其次，要反思孩子在满足父母的什么需要，父母想要孩子满足自己的什么需要。

3. 保持恰当的边界感。每个人都是独立的个体，都有成长、发展的需要。作为父母，要学会和孩子保持一定的边界感，要接纳、理解孩子，从发展的角度始终积极关注并肯定孩子的进步，而不是过度干涉和限制孩子，要尊重孩子的个人隐私和个人空间。

4. 创建平等、尊重、真诚、民主的沟通模式。家庭内部要有爱的流动，成员之间互相尊重和理解，要经常交流和沟通，而不是回避。在本案例中，夫妻二人缺少沟通，缺乏情感的联结，时间久了，两人之间的隔阂就会越来越大，进而引发矛盾和冲突。而孩子也会从父母的日常沟通模式中习得这种不良的沟通方式，进而导致不良的人际关系。

5. 调整心态，理解孩子，接纳孩子的不完美。父母要始终满怀期待地相信孩子，成长不是一蹴而就的，每个孩子的花期不同，成长轨迹也不相同。

家长的思考

结合本案例，请父母根据自己的实际情况进行如下思考。

1. 夫妻之间的关系怎么样？

2. 夫妻之间的关系对孩子产生了哪些影响？

3. 如何解决夫妻之间的冲突？

4. 夫妻之间还可以采用哪些方法进行更好的沟通和交流？

第九章

反复整理房间的欣欣

案例介绍

母女二人参加本次心理咨询。欣欣（化名），读大一，妈妈带着她来到咨询室，妈妈和爸爸常年分居，后来爸爸病故。困扰这个家庭的问题是欣欣的一些强迫症状，如不停地整理房间和反复观看学习视频课件。欣欣在生活中总是缺乏安全感，不管去哪里都十分惦记家，自己房间里的东西任何人都不能碰，一旦有人乱动她的东西，她就会发脾气、崩溃、大哭，控制不住自己的情绪。她必须不停地、一遍遍地整理房间，甚至通宵整理，只为把东西都按照自己的方式摆放好。

从左至右：咨询师（坐在单人沙发上），欣欣、妈妈（二人坐在三人沙发上，并且离得很近）。

咨询过程

一、"局促"的坐姿让孩子有安全感

咨询师：你们家遇到什么困难了？

欣欣：就是因为我的问题，我也想深入了解一下。

咨询师：你的问题，我很好奇，你有什么问题？

欣欣：比较突出的问题有两个，一个是我反复整理房间；还有一个是最近才开始出现的，就是我会反复观看老师布置的视频课件，反复地拉视频的进度条。

咨询师：你坐在这里跟我讲自己的问题时有什么感觉？

欣欣：有点紧张。

咨询师：你能体会到这种紧张？

欣欣：嗯，能。

咨询师：你通过哪些方面体会到自己的紧张？

欣欣：有时候我说话会语无伦次。

咨询师：还有什么让你觉察到自己感到紧张？

欣欣：可能我的坐姿比较局促。

咨询师：就是坐得比较拘谨，是不是？既然你意识到了自己的坐姿让你体会到紧张的感觉，那你是否可以调整一下坐姿，让自己感觉相对舒服一点？

欣欣：其实我感觉现在的坐姿就比较舒服。

咨询师：我怎么理解你刚刚讲的身体的局促感？是你"觉得"局促，还是你"体会"到了这种局促？

欣欣：我觉得可能是别人看上去会有一点局促。

咨询师：哦，你在考虑别人的感受。我在问你的感受，但你好像在关注别人的感受。在跟我说话的过程中，你能不能体会到这种局促和紧张？或者你可以做些什么缓解这种局促，如换一种坐姿？

女儿：我好像不太想改变我的坐姿。

咨询师：我理解了，看起来你好像很需要这样一种坐姿。这个姿势带给你一种什么体验？

欣欣：在这样的环境下，我可能比较习惯这样的姿势。

咨询师：所以这个坐姿有助于你适应这个环境，它可以带给你什么？

欣欣：安全感。

咨询师：好的，很棒。所以我的理解是可能有时候你的紧张和局促反而是你需要的，它会让你有一种安全感，是不是？

欣欣：嗯。

二、坐得离孩子最近的妈妈

咨询师：你刚刚讲自己在看老师布置的视频课件时会反复
　　　　地拉进度条，看一遍要拖回去，再看一遍又要拖
　　　　回去，几十分钟的视频可能要看很久很久，是
　　　　不是？

欣欣：总感觉自己会漏掉哪个知识点。

咨询师：当你观看这些视频时是一种什么样的感觉或
　　　　感受？

欣欣：就是挺累的，因为我会要求自己的精神高度集中。

咨询师：你看咱们俩才聊了几分钟，我就听出来你对自己
　　　　有很多要求，比如你要求自己这样坐着、反复观
　　　　看学习视频课件，感觉你对自己的要求有点……

欣欣：对自己的要求有点高。

欣欣现在读大一，她清楚地记得是从高二开始她对自己有
一些要求，如反复看书。高二下学期进行生物、地理的会考，
考前老师说会考课本上的一些知识点，老师强调"书上的每个
知识点都不要放过"，所以大家都反复地看课本。

咨询师：我看你的两只手一直撑在膝盖上，胳膊伸得笔直
　　　　（咨询师模仿欣欣的坐姿），如果我是你的话，我
　　　　坐一会儿就会感觉身体有些僵硬。我不知道你的

身体有什么感觉？

欣欣：因为我能这样动（双手和身体轻微动了动），所以我感觉自己有一定的自由活动空间。

咨询师：（维持双手撑着膝盖的姿势）这样会带给你自由，"自由"对你来说意味着什么？

欣欣：嗯，就是我可以做我想做的事情。

咨询师：所以，当你维持这个姿势时，你会觉得你可以做自己想做的事情（咨询师维持这个姿势并尝试动一动）。

欣欣：（笑）其实我觉得这样动也能缓解我的紧张。

咨询师：好的，不着急。（对妈妈）妈妈今天也来了，你可能是来咨询的家庭中坐得离孩子最近的妈妈。我想了解一下从你的角度讲，是什么让你带孩子来做这次咨询？

妈妈讲在欣欣读高中的时候，她开始发现女儿有点容易紧张。其中的一个诱发事件是有一年暑假，欣欣去"学农"的时候结交了一个女生，这个女生总是欺负她，"学农"回来后欣欣就经常哭。暑假过后的新学年欣欣换了一个班级，她感觉无法融入新的班级，想要回到原来班主任的那个班级，最后也没回去，她还因此郁闷了很长时间。妈妈当时也很关注她，就在本地给找了一个心理咨询师疏导女儿的情绪。

> 妈妈：（用胳膊肘碰了一下女儿的胳膊）当时你是什么感
> 　　　受？你跟老师说一下。反正她那段时间经常半夜
> 　　　起来哭，哭得很伤心。
>
> 欣欣：其实我妈妈的表述可能有一些错误，她可能记错
> 　　　了，有些细节不是那样的。

欣欣补充了一些不一样的细节，转入的新班级里有很多同学她都认识，不存在无法融入的情况，她想回到原来班主任的班级是因为遇到那个欺负她的女生。

> 咨询师：（对欣欣）在以前那个班级的时候，你的情况怎
> 　　　　么样？
>
> 欣欣：我觉得还是挺好的，那个班级的氛围确实很好。
>
> 咨询师：以前你没有什么问题，也没有像妈妈说的晚上哭
> 　　　　之类的情况？（欣欣摇头）你一直住校吗？
>
> 欣欣：上高中才开始住校，但是其实一开始住校也不太
> 　　　适应……
>
> 妈妈：不太适应，每天晚上给我打电话，然后我就明显
> 　　　感觉她想哭，喉咙哽咽得说不出话，我就问她
> 　　　"怎么了？是不是想我了"，她就回答"我想家"，
> 　　　我说"这个家有什么好想的，这个家又搬不走，

你在学校要好好的"。她每天晚上都给我打电话，
持续打了两个月才适应。

咨询师：（对欣欣）我看你讲到自己上高一的时候，开始攥
起拳头（欣欣听到后把拳头松开了）。攥起拳头带
给你什么感觉？你攥起拳头并闭上双眼体会一下。

欣欣：（攥起拳头）嗯，我就想到当时的那个状态。

咨询师：当时是什么状态？

欣欣：就我妈妈说我想家的那段时间，因为学校的管理
是封闭式的，所以唯一跟外界的接触就是给我妈
妈打电话。那时候我又很不适应，所以给我妈妈
打电话时就经常哭。

咨询师：嗯，打电话会哭，晚上入睡是不是也挺困难的？

欣欣：晚上睡不着会看向窗外。

咨询师：就是那段时间晚上睡不着觉，是吧？

欣欣：一开始睡不着觉，但其实后面也能睡着，睡眠还
比较正常。

咨询师：你和宿舍里的其他同学相处得怎么样？

女儿：和舍友的关系还比较融洽吧。

咨询师：嗯，你每天给妈妈打电话，并且坚持了两个多月，
是吗？

欣欣：是。

咨询师：那时候是什么感觉？恐慌、恐惧、焦虑、想
　　　　回家？

欣欣：想回家，但其实也不是，也不想回家，当时有点
　　　压抑。

咨询师：嗯，在学校里是吗？现在妈妈坐得离你这么近，
　　　　你有什么感觉？

欣欣：就是我妈妈很想了解我。

咨询师：你在猜想她的感受或想法。我问你，她坐得离你
　　　　这么近，你有压力吗？还是你觉得很舒服？

欣欣：会有一点压力。

咨询师：平时你们俩在一起的时候，她也和你离得这么
　　　　近吗？

欣欣：有的时候是这样。

咨询师：平时你也会感觉有压力吗？

欣欣：大部分时候没有。

咨询师：嗯，我明白了。

三、碰倒了摆放好的东西就会很崩溃

咨询师：（对妈妈）你坐在那个单人沙发上（妈妈坐到旁边
　　　　的单人沙发上）。（对欣欣）你妈妈坐在那儿，你
　　　　现在感觉怎么样？我看你的胳膊一下子就放松下

来了。你注意到自己的胳膊发生变化了吗?

欣欣:嗯。

咨询师:你一开始是这样撑着的(模仿欣欣双臂伸直用双
手撑在膝盖上的动作),你妈妈一走,你的胳膊好
像松弛下来了。你说说自己现在遇到的最大的困
扰是什么?

欣欣:就是反复整理房间和观看学习视频课件。

咨询师:这些你刚刚讲过,也谈到了你好像对自己的要求
有点高,谈到了让你产生这种行为的时间点,你
记得很清楚是在读高二的时候,是吧?但实际上
在读高一时你的情绪就不是很稳定了,是不是?

欣欣:嗯。

咨询师:在你上高一的时候出现过反复做一件事这样的行
为吗?

欣欣:没有。

咨询师:能就你反复整理房间这部分再说说吗?

欣欣:反复整理房间其实从我上小学就开始有了,但当
时整理的不是整个房间,可能就是一个柜子。

咨询师:整理一个柜子,你能具体说说吗,怎么整理
柜子?

　　欣欣说她当时会把喜欢的东西按顺序放在一个柜子里，把最看重的东西放在柜子的一个角落里，其他东西的摆放再从那个角落辐射开。如果妈妈和外婆翻她的柜子，把里面的东西碰倒了，她就会崩溃到大哭，虽然欣欣跟她们说过好多遍不要动那个柜子，但她们还是会翻看。甚至连欣欣自己碰乱了柜子里的东西时，她也会崩溃或大哭。

咨询师：（对欣欣）你能举个例子吗？

　　欣欣：可能我无意中碰了一下什么东西，然后这个东西翻了或倒了。

咨询师：嗯，然后你就会哭。

　　欣欣：嗯。

咨询师：会吼吗？

　　欣欣：不会，就是我自己心里会很难受。

咨询师：明白了，你从小就这样？

　　欣欣：嗯，差不多。

四、"我有我的次序""你又给我破坏掉了"

咨询师：（对妈妈）你怎么看待孩子说的这个部分？

　　妈妈：我现在回想起来，在她上小学的时候她会把抽屉里面的东西都收拾好，然后用纸团把抽屉跟抽屉之间的缝隙塞上。

有一件事令妈妈印象十分深刻。有一次，她去那个抽屉里拿欣欣的作业本，发现抽屉的缝隙里塞满了纸团，她没在意，就把纸团扔掉了。欣欣发现后很不开心，就质问妈妈"你是不是又翻我的抽屉了"。原先家里人都没在意，后来欣欣的表现越来越明显。例如，她会把凳子的腿对着地板上的线摆放，这样外婆每次去她的房间打扫卫生，是否动了她的东西她就会知道。一旦她回家后发现凳子的腿没有对准地板上的线，她就知道有人动过她的东西，然后她就会大哭。

妈妈说欣欣高考后被一所"211"大学提前录取了，但孩子自己不是很满意，高兴不起来。然后她就开始整理房间，把房间的天花板和四面墙全部擦洗一遍，把所有的东西全部整理一遍，并对妈妈说："你别管我，我有我的次序。"就这样，欣欣每天都在整理房间，经常整理到半夜，妈妈很担心她，也想帮她一起整理。有一次，妈妈把欣欣屋里地上的纸屑扫了，欣欣立刻跳起来并大叫道："你干吗？我弄得好好的你又给我破坏了。"然后就崩溃地大哭。妈妈很不理解，觉得欣欣的反应有点过度了，整理房间的程度也过度了，欣欣就说："我在整理的时候你不要管我，不管我有多慢、多累，你都不要碰。"

后来，妈妈和欣欣商议在开学之前把房间整理好，欣欣也同意了，就开始没日没夜地整理。一直到快开学了，床上还是一堆东西，妈妈看不过去又帮她归类和清洗了一下，结果她一回家，背着的包都没放下，就站在客厅里大哭："你又动我的房间了！你全部给我破坏了，我又要重新来！""我再也没有这么多空闲时间了，我现在没有时间整理了。"

之后，妈妈就带欣欣去当地医院的精神科，医生说孩子的状态是正常的，不影响生活的话就不用进行治疗。回来后，孩子又开始通宵整理房间，整理不好就不停地说"哎呀，好烦"，到了第二天妈妈叫她吃早饭，她又开始哭着说："我在聚精会神地整理，你又来打断我，你很烦，你这样子我又整理不好了。"妈妈特别担心，觉得整理房间已经影响了欣欣的正常生活，并且感觉她特别痛苦。

咨询师：（对欣欣）妈妈说了好多，看起来她也挺着急的。你听了妈妈说这些话后心里有什么感受？

欣欣：我觉得可能……（擦眼泪）

咨询师：没事，可以哭出来。

欣欣：（拿纸巾擦眼泪，小声哭泣）我感觉我给我妈妈造成的伤害挺大的，我觉得挺自责的（妈妈也擦眼泪）。

五、"把东西摁在角落里心里会踏实一点"

咨询师：（对欣欣）哭出来后心里好受点了吗？

欣欣：嗯。

咨询师：我看到你的肩膀稍微放松了一点。我特别好奇你在整理房间的时候有什么感觉？你能把你在整理房间的过程中的体会跟我说说吗，比如你在整理什么的时候一定要把它整理成什么样子？

欣欣：比如，我要把一样东西放在角落里的时候，我会把它死死地摁在那里，如果我松手的时候感觉它又动了一下，我就会重新放。

咨询师：你会把它死死地摁在角落里，把它摁在角落里时你会有什么感觉？

欣欣：心里比较踏实。

咨询师：让它在角落里你的心里会踏实一点。

欣欣：同样，比如往抽屉里放什么东西，我希望这些东西之间没有缝隙，我希望这些东西和抽屉之间没有缝隙。

咨询师：我明白了，当它们之间一旦有缝隙，你就会感觉很不舒服，是不是？你从小就这样吗？

欣欣：小时候差不多也是这样。

咨询师：你妈妈说一打开那个抽屉好多东西就会散落下来，
　　　　是吗？

　欣欣：我塞纸团是为了防蟑螂。

咨询师：嗯，我明白了。

六、缺席的父亲

咨询师：（对欣欣）你对爸爸有印象吗？他是什么时候去
　　　　世的？

　欣欣：在我上高一的时候。

咨询师：你小时候对爸爸有印象吗？

　欣欣：我爸爸不经常在家，他有点像大家说的那种"缺
　　　　席的父亲"，他都不管我。

咨询师：你小时候对爸爸有什么印象吗？

　欣欣：反正我就感觉他经常不在家，然后比较散漫。

咨询师：你会和他聊天吗？

　欣欣：很少，我不太愿意主动和他聊天。

咨询师：我怎么理解这个"不愿意"，是你对他有不满吗？

　欣欣：感觉他比较陌生。

咨询师：（对妈妈）你和丈夫是什么时候分开的？

　妈妈：我们分居好多年了。

咨询师：孩子多大的时候你们就分居了？

妈妈：孩子上三年级左右。

欣欣的爸爸和妈妈当年是自由恋爱，妈妈的父母当初十分反对他们俩在一起，但妈妈坚持与爸爸结婚，后来生下欣欣后妈妈就后悔了，觉得自己选错了人。丈夫每天喝酒喝到半夜才回家，也不管孩子。妈妈就一直跟爸爸沟通，希望能有一个正常的家庭，希望他可以多陪伴孩子，但他依然不改，偶尔还会有人上门要赌债，妈妈内心的苦楚无处诉说。

咨询师：（对欣欣）爸爸和妈妈分开的时候，你有印象吗？

妈妈：（声音颤抖）那时孩子问我"妈妈，你怎么还不和爸爸离婚"，我说大人的事情你别管，她就会去问外婆"为什么妈妈还不和爸爸离婚，只要这个人在这个家里，妈妈就会受苦"。

咨询师：（对欣欣）你还记得那时候跟妈妈说过这些话吗？

欣欣：我记得我一直是想让我妈妈跟我爸爸离婚，但具体怎么说的我不记得了。

咨询师：有时候别人会来家里要赌债，当时你害怕吗？

欣欣：那时我还在上幼儿园，比较小，我只知道出去玩（妈妈擦眼泪）。

咨询师：爸爸和妈妈分开以后你觉得害怕、恐惧吗？

欣欣：没有，我不害怕。

咨询师：你说上小学的时候就开始有"整理"的行为了，是吗？也是发生在三年级左右？

欣欣：这个我记不清了，反正我上小学的时候就有了。

咨询师：嗯，喜欢把缝隙里都塞满纸团，把东西都按在角落里，是吗？

欣欣：上小学的时候，我只是把那些东西都塞到一个柜子里，现在喜欢把它们死死地按在一个角落里。

咨询师：把东西放在角落里你的心里才能感到比较踏实？

欣欣：嗯。

七、"被挤压让我有安全感"

咨询师：（对欣欣）咱们来做个实验（拿起一把小椅子递给欣欣），这里有一把小椅子，你把它放到那个角落里（欣欣起身把小椅子放到房间的角落里）。对，把它放到什么程度你才能够安心？

欣欣把椅子按照她需要的方式摆放在角落里。

咨询师：这样放会让你感觉舒服一点儿，是吗？

欣欣：嗯。

咨询师：假如我动了这把小椅子（起身动了动小椅子，让小椅子不能够完全贴合在角落里，欣欣站起来看着小椅子），你心里有什么感觉？

欣欣：挺难受的。

咨询师：先体会这种难受，不着急。看着小椅子就在那儿，它没有按照你的要求摆放，你心里有什么感觉？

欣欣：很想把它放回去。

咨询师：我知道你很想把它放回去，非常好，但现在它回不去了，你告诉我此时你心里有什么感受？

欣欣：有点烦躁。

咨询师：非常好，试想这把小椅子是有生命的，如果它这样被摆放会让你很烦躁，那你对它说"你这样让我很烦躁"。

欣欣：你这样让我很烦躁。

咨询师：好，把它按照你想要的方式重新摆放。

欣欣把小椅子重新摆放到角落里。

咨询师：好，你站起来再看看这把小椅子，现在你有什么感受？还感到烦躁吗？

欣欣：有，但减轻了很多。

咨询师：你对它说"你这样让我很放松"。

欣欣：你这样让我很放松。

咨询师：非常好，不着急。现在我邀请你坐在这把小椅子上。

欣欣坐在贴着角落的小椅子上。

咨询师：对，坐在这个角落里，闭上双眼。假如有一个人
对你说"你只有这样做，我才感觉舒服，你这样
做才是最好的，你必须这样做"，你内心有什么
感受？

欣欣：我会有点想反抗。

咨询师：很好，说出来，说出你想反抗的东西。

欣欣：我就不要这样子。

咨询师：好，闭上双眼。（对妈妈）你坐过来。

妈妈坐到距离小椅子最近的三人沙发上。

咨询师：（对妈妈）你对孩子说"你就应该这样做"。

妈妈：你就应该这样做。

咨询师："你这样做我才安心"。

妈妈：你这样做我才安心。

咨询师：（对欣欣）告诉我听到这些话你心里有什么感受？

女儿：（小声）我好像没有那么想反抗了。

咨询师：好，（对妈妈）你还坐回去。

妈妈坐回单人沙发上。

咨询师：（对欣欣）你把这把小椅子往外推一点。

欣欣站起来，把小椅子往外推，让它离开角落。

咨询师：对，然后你坐在小椅子上。

欣欣坐在离开角落的小椅子上。

咨询师：闭上双眼，体会有一个人对你说"你坐在这里让
　　　　我好烦呀！你必须坐在刚刚那个角落里！你这样
　　　　让我很烦"，告诉我此时你内心有什么感受？

　欣欣：我有点不知所措。

咨询师：不知所措，非常好。把这把小椅子重新放到你想
　　　　放的地方。

欣欣起身把小椅子放回角落里。

咨询师：你坐在小椅子上。

欣欣再次坐在角落的小椅子上。

咨询师：好，我们再做一个实验（咨询师把旁边的三人沙
　　　　发推向欣欣，让沙发紧挨着她）。你闭上双眼，有
　　　　点被挤压的感觉，此时此刻你有什么感受？

　欣欣：我觉得比较有安全感。

咨询师：比较有安全感，是吗？闭上双眼（咨询师又把三

人沙发往欣欣的方向推了推)，体会"有安全感"给你的身体和内在带来的感受是什么？不着急，你可以体会一会儿……你有什么感觉？

欣欣：感觉比较踏实。

咨询师：非常好，踏实。所以，当你被接触、被挤压、被包裹起来时，就会有什么感觉？

欣欣：安全感。

咨询师：对，我看你笑了。我看你坐在那个角落里，我心里的感觉是"坐在那儿多难受啊"，你却感觉很舒服，是不是？好的，闭上双眼，体会这种安全感，告诉我此时此刻坐在这里，被挤压、被接触的这种安全感会让你想到什么？这种感觉是不是似曾相识？

欣欣：床。

咨询师：床，非常好，你还会想到什么，比如某种体验或经历？你什么时候会有这种感觉？对，没有一点缝隙(咨询师再次把沙发往欣欣的方向轻轻地推了推)，这种体验和感受会让你想到什么？

欣欣：就是我把房间按照我的想法整理好的时候。

咨询师：非常好。所以，当你把房间整理好时，实际上会带给你？

欣欣：安全感。

咨询师：是的，所以当你有安全感时，你就可以不用整理房间了，如果你有其他的途径获得这种安全感。例如，此时此刻你坐在那个角落里，房间里即使乱一点，你也觉得没问题，因为这种状态已经给你带来了什么？

欣欣：安全感。

咨询师：对。因为当你沉浸在这种体验中时，你内在的那个需要已经被怎样？

欣欣：满足。

八、"我感觉在我的生活里只有我自己"

咨询师：（对欣欣）现在我们换一个位置（咨询师起身把三人沙发拉走，把桌椅也拉走，在房间里腾出一个空间）。你把小椅子放到这里（腾出的空间），你坐在小椅子上，闭上双眼体会一会儿……和刚刚相比，你有什么感觉？

欣欣：有点紧张。

咨询师：好，体会这种紧张感，这种紧张感会让你想到什么？就像刚刚"安全感"会让你想到把房间整理好和床，此时此刻的这种紧张感会让你想到什么？

欣欣：就是我的房间被搞乱的时候。

咨询师：房间很乱的时候，还是只想到房间，是吗？

欣欣：嗯，还有就是上初中的那段时间，我妈妈去外地
工作的时候。

咨询师：非常好，你上初中时妈妈去外地工作的时候，当
时你的感觉如何？

欣欣：我感觉在我的生活里好像只有我自己。

咨询师：在你的生活里只有你自己。好，你坐到沙发上。

在咨询师的带领下，欣欣对着小椅子重复说"在你的生活
里只有你自己"，她体会到了孤立无援和无助的感觉，她想要变
得强大，不能被别人瞧不起，她觉得应该证明自己。

在咨询师的引导下，欣欣看到被挤压能给自己带来安全感。
当她很无助、谁也指望不上的时候，就想证明自己，对自己的
要求很高，因为此时她觉得没有人能够包容自己，所以事事都
必须自己做，不允许别人提供帮助，不愿意别人插手她的事。

九、不允许自己松弛下来

咨询师：非常好，我们再做一个实验，你试着把双手这样
摊开（咨询师做出两只手臂向左右摊开的姿势，
并起身帮欣欣调整姿势）。

欣欣把两只手臂左右摊开，放松地靠坐在沙发上。

咨询师：然后身体非常放松，不用撑着，双手往下，身
　　　　体瘫在沙发上，体会这个姿势带给你的感觉是
　　　　什么？

　欣欣：我觉得好像我不太应该这样。

咨询师："不太应该这样"不是你的感觉和感受，"不太应
　　　　该这样"是你的大脑在制约你，不让你这样做，
　　　　理解了吗？你的感觉和感受是什么？你再体会一
　　　　下自己的身体和内在的感觉。

欣欣又重复了一遍刚才的动作和姿势。

咨询师：对……对……身体非常松弛，手放松。

　欣欣：我觉得我很懈怠。

咨询师："我觉得我怎么样"是"我想"，不是感觉，你对
　　　　自己有很多的评判。完全体验身体的感觉，体验
　　　　这种"懈怠"。

　欣欣：先是比较放松，然后会感到自责。

咨询师："自责"还是"我想"。所以，当你很放松、感觉
　　　　很舒服时，你对自己的这些行为是……？

　欣欣：否定。

咨询师：对，否定、自责……

欣欣：不允许。

咨询师：所以，我们好像找到了你的强迫行为的一些共同点：第一个是缺乏安全感，第二个是什么？

欣欣：我会拒绝别人的帮助。

咨询师：对，我在不断地证明自己，我要求很高，我拒绝别人干涉我，我不愿意让别人和我怎么样？

欣欣：有接触。

咨询师：合作，接触。所以在上高二换班级的时候，妈妈说你很难融入新班级，但实际上是你总想证明自己，理解了吗？第三个是你不允许自己怎么样（咨询师做出摊开双臂的姿势）？

欣欣：放松。

咨询师：对。做完这个动作后，你身体的感觉和一开始你来的时候是不是不一样了？

欣欣：嗯。

咨询师：好像现在你对自己有了一些新的发现。所以接下来你要在以下三个方面展开工作：第一是提升安全感；第二是放弃证明自己，看起来好像是你不让妈妈碰你的东西，实际上是你想证明自己；第三是学会放松，让自己休息一下，身体先放松，大脑才会放松，因为现在你一放松就会自责。

咨询师的建议

1.给孩子。第一，需要做一段时间的心理咨询。第二，去医院的精神科做一个全面的诊断，因为欣欣的"整理"行为已经严重影响了她的日常生活，情绪也有些失控，除了强迫症状外，可能还有点抑郁。

2.给妈妈。第一，需要做一段时间的心理咨询，和孩子分开做。妈妈的很多情绪需要得到释放，可能也有心理创伤需要疗愈。妈妈要先让自己慢下来、放松下来，自己情绪稳定了才能给孩子稳定的安全感。第二，妈妈要学着接纳和认同孩子，孩子很需要被看到和不被干涉。第三，要允许孩子休息和放松。

家庭问题解析

在本案例中，孩子表面呈现的问题是反复整理房间和最近出现的反复观看学习视频课件，这些都是强迫的症状。孩子一定要把房间整理成她希望的样子，一定要保持某种姿势坐着，一定要把小椅子放在角落里；当她所期望的内在秩序被破坏时，她会很痛苦和崩溃。这些都源于她不断地想证明自己，她想做得更好，她对自己的要求很高，因为她太无助和太无力了，觉得生活里只有自己，没有人可以指望得上。

在这个家庭里，爸爸常年缺席且给家人带来了伤害，妈妈则过分担心孩子、与孩子过度融合、对孩子有太多的干涉，失去了正常关系的边界。妈妈对孩子的过度担心也源于自己的情感无处安放，孩子是她唯一可以抓住的人。

家长的应对策略

家长要调整自己的状态和亲子关系的边界，有时候父母自以为的关注和爱，反而会让孩子感受到压力和自责。

1. 父母通过学习和成长，辨别哪些是自己的需要，哪些是孩子的需要，不要打着"关心"和"爱"的名义过多地干预孩子，剥夺孩子塑造自我、建立关系及为自己负责的权利。

2. 父母把对孩子过多的关注转移到自己身上，进行自我关怀、自我照料、自我欣赏、自我提升；爱自己的同时也不忘关心伴侣，维持好夫妻关系才能给孩子营造一个安全、温馨的家庭环境。

3. 单亲家庭的父母更要注意与孩子之间的"边界"，不要和孩子过度融合，要和孩子保持一定的距离，培养孩子的独立意识，允许孩子自己做选择、做决定。

家长的思考

结合本案例，父母可以根据自己的实际情况进行如下思考。

1.针对安全感缺失的孩子，父母应如何给孩子稳稳的安全感？如何帮助孩子提升安全感？

2.父母如何给予孩子充分的允许、看见、信任和尊重，给予孩子独立的成长空间，而不是以各种理由对孩子的生活进行干涉和侵犯？

第十章

感受不到父母爱意的圆圆

案例介绍

　　一家三口参加本次心理咨询。这是一个情感隔离、彼此感受不到关爱、把重心聚焦于孩子学习的三口之家。妈妈希望孩子能实现自己当医生的梦想，因此对孩子要求很高。爸爸容易着急，一有情绪就会对别人喊，夫妻之间的正常交流在孩子看来像吵架。当父母看到读初一的女儿圆圆（化名）划伤胳膊、经常情绪崩溃、无法自控时，才意识到问题的严重性，于是带她去医院检查，最后孩子被诊断为焦虑症。圆圆自此不去上学，妈妈无法接受，又哭又闹，夫妻二人因为这件事整日争吵。

　　从左至右：咨询师（坐在单人沙发上），圆圆、爸爸、妈妈（三个人坐在三人沙发上）。

咨询过程

一、"只要闺女开心了，我们俩都开心"

咨询师询问一家三口来咨询室的过程，他们讲述了在开车来的路上发生的事。

咨询师：（对圆圆）我看到你爸爸一说话你就把脸转过去。

孩子：（哭）刚才在车上他们让我背书。

咨询师：（对妈妈）孩子掉眼泪了，你心里有什么感受？

圆圆：我感觉她特别开心。

妈妈：我怎么就开心了？

咨询师：（对妈妈）你看到女儿哭，心里有什么感受？

妈妈：她就是抗拒我。不管我让她干什么，她都拒绝我，现在还好一点，以前更严重。

圆圆：你每次都把我批评一顿。

咨询师：眼前的画面给我的感觉你们不像妈妈和女儿，像两个小女孩在斗嘴。（对爸爸）你坐在中间听她们两个人这番对话，心里有什么感受？

爸爸：在车上背书那件事我倒没说话，我说女儿愿意背就背，不开心就不背，以前我这么说话女儿就觉得我在跟她喊，自打知道孩子有心理问题后，我再也没有跟孩子喊过。

咨询师：（对妈妈）我看到你丈夫一说话你的身体就往另一
边躲。

妈妈：他人不坏，但是一说话就容易着急、大喊，我就
想躲开（妈妈的声音很小）。

咨询师：所以，你的身体好像是有记忆的。（对爸爸）好像
刚刚你跟女儿说话的时候，她的身体也在躲，你
觉得你们家现在遇到的最大的问题是什么？

爸爸觉得目前最大的问题就是圆圆的状态，只要她开心了，
父母就开心。他觉得以前圆圆的性格特别开朗，后来看到她划
伤胳膊、经常崩溃，才意识到她可能出现问题了。父母不同意
圆圆追星，她就又哭又闹，爸爸把家里墙上贴的明星海报全撕
毁了。心理医生也曾劝爸爸不要阻止女儿追星，这样孩子至少
还有一个追求，爸爸就把撕毁的明星海报重新粘上，还向孩子
道歉，但孩子不理爸爸，也不再追星了。在没有意识到孩子出
现问题之前，爸爸经常对圆圆发脾气，现在由于担心女儿的情
况，他的脾气也改了好多。

妈妈觉得孩子出现问题是因为爸爸的脾气太急躁，他们夫
妻之间以前说话就像吵架一样，孩子听他们说话就很害怕，因
此给孩子留下了阴影。自从发现孩子划伤胳膊以后，夫妻二人

都不大声说话了。

二、"就是学习把我压垮了"

咨询师：（对圆圆）爸爸和妈妈都从各自的角度讲述了家里的问题，爸爸说他的脾气大，他现在最大的困扰就是担心你，妈妈觉得是他们说话声音太大给你造成了心理阴影。你觉得你们家现在遇到的最大的问题是什么？

圆圆说自从自己被确诊为焦虑症后，父母对她比以前好一些，但是只要她不去上学，不顺着妈妈的意愿，妈妈就会生气。医院给出的诊断是焦虑症，但是父母怕孩子有心理负担，就跟孩子说是"青春期问题"。

咨询师：（对圆圆）你平时睡眠怎么样？

圆圆：现在还好。

咨询师：现在吃药吗？

圆圆：吃。以前是每天都睡不着，比如，月考前一天早上要六点起床，到四五点我还睡不着。早上我跟我妈妈说我昨晚没睡好，然后她就说我（一边说一边哭）。

咨询师：感觉很委屈。你现在还上学吗？

圆圆：每天都去上学，上周有一天没去。

咨询师：你在学校里有什么感觉？

圆圆讲到，在学校里，她与男生交往比较多，经常跟男生打闹。

咨询师：医生对你的诊断是焦虑症，对此我很好奇，你有过持续一段时间无缘无故的心慌、恐惧、害怕或对他人担心吗？

圆圆：有。上个学期我就知道学习，也不跟别人说话，我的学习成绩不好，我就拼命地学，他们认为就是我的问题，我当时心里很难受，就划伤胳膊，我整天看上去乐呵呵的，实际上心里特别难受。

咨询师：你一边哭一边讲这些经历的时候，我一方面很心疼你，另一方面我能看到你心里有一种不服输的精神。你好像在坚持、在努力，但是这些似乎并没有被爸爸、妈妈看到。

圆圆说刚上小学时自己的英语成绩很差，后来经过自己的努力，有一次她的英语考了98分，老师很开心，但父母还是不满意。一直到初中，圆圆的英语成绩都很稳定，但有一次英语考试她写得比较慢，没有做完题，老师又判错了题，那次她只考了53分，她的总排名也因此下降了很多，她就无法接受。

圆圆：我就爆发了，总觉得没有人理解我，怎么努力都
　　　不行，父母的要求我也达不到，老师的脾气也不
　　　好。我想到上五年级时数学老师让我们跪着写作
　　　业的情形，他还骂我们（情绪崩溃，眼眶发红，
　　　但还是压抑着）。

咨询师：哭出来，孩子。

圆圆：他还说骂我们是在激励我们。

咨询师：（对妈妈）看到孩子哭成这样，你心里有什么
　　　感受？

妈妈：我心里特别难受。我知道这件事，所以我觉得很
　　　对不起孩子。

圆圆：他凭什么让我跪着写作业？我没跪，我又没犯错。

咨询师：（对爸爸）你听了这件事心里有什么感觉？

爸爸：我也听她说过这件事，当时我就想找老师了解一
　　　下情况，后来想了想，怕老师以后针对她，就
　　　没去。

咨询师：好像发生这件事后，你们都采取了一种息事宁人
　　　的态度，让孩子受了委屈。

妈妈：是，对孩子来说是一个很大的创伤。

三、"只要我没去上学，她就又哭又闹"

咨询师：（对圆圆）这次来咨询你想化解什么问题？

圆圆：想化解一下与父母的代沟。他们都是"60 后"，做
事古板。比如，我刚打完疫苗实在不想去上学，
想请一天假，我妈妈就说"你请假就学不到知识
了，怎么办"，而且还冲我大喊，一会儿又哭，总
之让人根本无法忍受。最后，我说大不了就退学，
反正我的梦想都被你剥夺了，我请一天假本来是
想放松一下心情，结果还不如去学校。

妈妈：我就是不能看她在家里待着，我就想着她能正常
上学就行。

圆圆：只要我没去上学，她就又哭又闹，对我各种挑剔，
总之我是不能待在家里。

妈妈：其实我没有什么要求，就是希望她能正常上学。

咨询师：（对妈妈）孩子都割伤自己了，你还希望她能正常
上学。所以我特别好奇，"孩子正常上学"对你来
说意味着什么？

妈妈说自己一直有一个当医生的梦想，但没能实现，于是
不自觉地想让孩子替自己实现这个梦想。所以，在学习方面她
对孩子有很多要求，也因此和孩子产生了很多冲突。

咨询师：（对圆圆）你刚刚讲"我的梦想都被你剥夺了"，我想听听你的梦想是什么。

圆圆：我想当演员，但是他们知道我的梦想后就跟我闹，我还找到了试镜的地方，都还没去呢，他们就把我骂一顿，我哭得眼睛都肿了。

咨询师：（对妈妈）孩子哭成这样，你心里有什么感受？

妈妈：我心里挺难受的，我也觉得对不起孩子。

咨询师：（对圆圆）你能感受到妈妈的愧疚和难受吗？

圆圆：不能。

四、爸爸从小就性子急，说话嗓门大

咨询师：（对妈妈）你们坐下以后，我就发现你的肩膀马上就耸起来了，很紧张的样子，你有没有觉察到？

圆圆：我爸爸一发脾气，她就会做这个动作。

咨询师：（对圆圆）你对他们之间的争吵还是有记忆的。（对爸爸、妈妈）你们夫妻坐在一张沙发上，孩子单独坐在旁边的单人沙发上。

妈妈：这些年来我一直忍着、让着他，我不想在孩子面前和他吵闹，我就希望家庭能够和睦，但我的力量不够，也说不动他。

圆圆说自己成长在一个"一点火就着"的家庭里。小时候圆圆不懂事，不会看大人的脸色，每次开心地找爸爸、妈妈说话，他们就大声地冲她喊，她都不知道自己做错了什么。

妈妈：因为我一直忍着，所以心里肯定会有怨气。

咨询师：所以这个怨气会传递给谁？

圆圆：不仅妈妈的怨气会传递给我，爸爸的暴脾气也会传递给我。

咨询师：现在咱们来做个实验，（对爸爸）你把一只手搭在妈妈的肩膀上，（对妈妈）你有什么感觉？

妈妈：我就想躲开。

咨询师：（对爸爸）听到妻子说出这句话，你心里有什么感受？

爸爸：我倒没什么感觉。

咨询师：你坐在她的旁边时，她的肩膀很紧张，都耸起来了，我想听听你怎么看待这个现象？

爸爸：有时候我一着急就会冲她喊，比如，家里的牙签散落一地，一旦被扎到就有可能感染，我跟她讲要收拾起来，她就是不听，我的脾气就控制不住了。

咨询师：脾气控制不住是从什么时候开始的？

爸爸：我从小就这样。

咨询师：我很好奇你的成长经历，是什么让你从小就这么大声喊？

爸爸：我从小性子就急，干什么活儿都快。

咨询师：所以从小就着急，急着干完事，干不完就有情绪。你着急时的表现是什么？

爸爸：就是大声喊。

咨询师：你的这种急脾气在工作、生活中给你造成困扰了吗？

爸爸：工作上倒没事，就是在家有时与家人吵两句。现在自打女儿这样了，我的脾气就改了好多。

咨询师：所以，你理解了妈妈说的那句话"女儿是来拯救我们的"，你说她能好起来吗？

爸爸：能。

咨询师：如果我是你们的女儿，我可能有点怀疑，我怕自己好起来后你们再吵架，你又对我发脾气。

爸爸：不会的。

五、彼此感受不到家人之间的心疼和关爱

咨询师：（对妈妈）你转过身来面对爸爸。（对爸爸）你也转过身来面对着妈妈。对，你们俩相互对视一会

儿，眼神别躲避，好好看看对方，别笑。好好看
看对方，不说话，牵着手。（对圆圆）你看着他们，
不说话，你体会一下。每个人都体会此时此刻自
己内心的感受，不要压抑自己，有情绪了就让它
出来，不要躲避对方的眼神，放松，体会手和手
接触的感觉，体会眼神对视的感觉，你们都有什
么感受？

当丈夫牵着妻子的手时，妻子总想躲开；丈夫说他看着妻
子，想着今天是她的生日，想说点什么却说不出来。

咨询师：（对爸爸）今天是她的生日，你牵着她的手，她说
　　　　想躲开，她都不愿意看你，作为丈夫，你心里有
　　　　什么感受？

爸爸：很难受。

咨询师：非常好。你刚才讲面对女儿的时候你感觉很难受，
　　　　但女儿感受不到你的难受；面对妻子你也说你很
　　　　难受，（对妈妈）你感觉到他很难受了吗？

妈妈：没有。

咨询师：好像你们感受不到彼此的情感。孩子哭，你们也
　　　　没有感觉吗？

妈妈：孩子哭，我还是很心疼的。

咨询师：你心疼她，但孩子感受不到你对她的心疼。

妈妈：对。

咨询师：刚才爸爸说他很难受，但你感受不到他的难受，孩子也感受不到，他的难受是假的吗？

妈妈：我也不知道，这也是困扰我的问题。

咨询师：（对爸爸）所以，我怎么理解你说的"难受"？

爸爸：怎么说呢，那一刻倒没想那么多。

咨询师：想到今天是她的生日。

爸爸：就想到今天是她的生日。

咨询师：这一刻我挺心疼你们的孩子。好像你们都很心疼孩子，看起来也很爱她，用你们的方式想给她一些支持。但在你们家，大家体会感受性或情感性的东西很难。

妈妈：我很爱我的孩子。

咨询师：（对妈妈）你在躲你的丈夫，你总想往孩子身上转移，你的丈夫也一直在说孩子怎么样，刚才你听到他说什么了吗，他说今天是你的生日。

妈妈：我知道，还是今天早晨我说今天是我的生日，昨天我也说了，我说明天是我的生日。

咨询师：所以，接下来最重要的是你什么时候和丈夫恢复接触。你一靠近丈夫，你的肩膀就会不自觉地耸着，并把注意力开始转向女儿。

妈妈：我关心女儿，我也很疼女儿。

咨询师：一提到爸爸，你就开始把话题转向女儿。我能看出来，你在刻意回避和丈夫的关系。

妈妈：就是他一大声喊，我就想躲开。

咨询师：他一大声喊，你就想躲开，这是你的应激反应，肯定不是一天两天就形成的。通过今天的咨询，实际上你们家的问题已经很清楚了，就是你们的情感没有办法流动起来，家人之间没有联结，理解了吗？每个人都很使劲，每个人都在努力，但你们对孩子的爱她体会不到，因为你们之间也感受不到彼此的爱。

妈妈：是的。

爸爸：是的。

圆圆：他们就是这样，特别压抑。

咨询师：在一个感受不到情感的状态下，你们很难彼此相互理解和支持。

咨询师的建议

1. 建议父母带孩子去医院重新进行评估和诊断，孩子的情绪是有点焦虑，但可能没有达到焦虑症的程度。

2. 建议夫妻做伴侣咨询。夫妻之间有隔阂，因此很难表达对对方的爱，也很难感受到对方的爱。如果家庭处于这种状态，每个成员都很难真实地表达自己的情感。

家庭问题解析

家庭的困境

从表面上看，孩子有自伤行为和厌学情绪。但是通过这次咨询，我们看到家庭成员之间的情感已经阻滞，无法流动。爸爸脾气急躁，遇到事情就大喊；妈妈不管孩子的感受，只希望孩子能正常上学。夫妻二人说话就像吵架，爸爸一大喊，妈妈就会躲开。孩子为了父母，只有努力维持上学的状态，压抑自己。所以，这个家庭的真正困境是每个人都不在乎或不知道怎样在乎对方的感受和需求，只关注自己。爸爸只管发泄自己的情绪，当他大喊时，妈妈就会紧张、害怕甚至躲避，孩子也感到害怕、委屈。当妈妈因为孩子想请一天假不去学校而又哭又闹时，虽然孩子既烦躁又难受，但是为了照顾妈妈的情绪，她不得不去学校，最后实在受不了了就开始自伤。

孩子的困境

在这个家庭里，爸爸脾气急躁，习惯用大喊的方式与家人沟通，让孩子从一开始就感到害怕，到后来觉得和他有代沟，无法沟通。妈妈想当医生的愿望希望在孩子身上得以实现，所以只要孩子不去上学，她就会表现得情绪化。孩子想做演员的梦想和追星的爱好不被父母认同，父母之间积压的怨气与情绪传递给了孩子。所以，孩子面临的困境是既无法与父母沟通、让他们理解自己，也无法坚持自己的追求与想法，只有逼着自己去学校。

父母对孩子的影响

在本案例中，父母的脾气都比较急躁，夫妻之间缺少情感交流，妈妈在表达中多次提到了"忍"，并且妈妈想让孩子完成自己的梦想，这对孩子可能会造成以下影响。（1）情绪：孩子承受了父母的情绪，可能会变得冷漠、疏离。（2）社交：在缺乏情感的家庭中长大的孩子往往不知道如何与他人建立良好的关系。（3）自我认知：孩子容易缺乏自信心，觉得自己不重要，可能无法面对生活中的挑战，长大后可能会变得胆小、羞怯，甚至自我否定。（4）躯体：可能会出现睡眠问题、饮食问题甚至免疫系统问题。

家长的应对策略

1. 父母要做好自我情绪管理。在本案例中，爸爸脾气急躁，给家人造成了一定的心理压力。作为父母，首先要调整好自己的情绪，遇事要冷静。父母要做孩子的情绪容器，而不是让孩子来照顾父母的情绪。

2. 与青春期的孩子沟通时，要多鼓励、少贬低、少要求。处在青春期的孩子内心细腻且敏感，渴望自我认同，父母要设身处地地考虑孩子的处境和感受。

3. 尊重孩子自己的梦想和追求，而不是把个人的梦想强加在孩子身上。成年人要学会为自己负责，而不是让孩子帮助我们实现梦想。

孩子缺乏安全感该怎么办 ● ● ●

缺乏安全感的孩子内心脆弱、敏感，他们常常压抑自己的情感，因此当这类孩子表达需要时，家长要做到以下三点。

1. 及时。当孩子有需要时，父母要及时、稳定、积极地予以回应。他们极少向别人表达自我需要，所以每当孩子向父母提出自己的想法或要求时，父母首先要及时看到孩子的需求。

2. 稳定。父母要做到情绪稳定地回应孩子。比如，孩子有情绪了，此时此刻父母会感到着急、烦躁。这时，父母可以先闭上双眼，想一想孩子刚出生时的样子，那时父母是如何照顾总是哭闹的小婴儿的。想到这些父母的心情会慢慢地平静下来，接纳现在同样有情绪的孩子。

3. 积极。父母不要否定孩子的需要，而是积极地托住和"邀请"。父母要让孩子感觉到自己是在邀请他，而不是要求他。例如，父母可以说"孩子，我看你提到学校的时候眼圈都红了，你能跟我说说发生了什么吗"。

家长的思考

结合本案例，父母可以根据自己的情况进行如下思考。

1. 我们在期待或要求孩子努力学习时，是不是因为我们想让孩子帮助我们实现自己的梦想？如果是，那孩子自己的人生又该怎么办？

2. 当父母不认同或不尊重孩子的兴趣、爱好时，实际上就是不接纳孩子这个人本身，孩子就无法从父母那里获得"我是谁"的认同感，孩子就会觉得"我不重要""我不够好""我是多余的"。请你想想在与孩子互动的过程中，是不是发自内心地真正接纳和尊重孩子的兴趣、爱好？

3. 你们家的家庭氛围是否温暖、有爱？家庭成员之间是否能够彼此表达爱意并被对方感受到？